COLLECTION
DE
CONTES ET DE CHANSONS POPULAIRES

XV

LES CHANTS
ET LES
TRADITIONS POPULAIRES
DES ANNAMITES

EXTRAIT DES PUBLICATIONS DU MÊME AUTEUR :

Le Swastica et la Roue Solaire dans les symboles et dans les caractères chinois. (Extrait de la revue d'Ethnographie).

Les débuts de l'enseignement français au Tonkin.

Essai sur la pharmacie annamite. (Détermination de 300 plantes et produits indigènes, avec leurs noms en annamite, en français, en latin et en chinois, et l'indication de leurs qualités Thérapeutiques d'après les pharmacopées annamites et chinoises.)

Les légendes historiques de l'Annam et du Tonkin, traduites du Chinois et accompagnées de notes et de commentaires.

Les pagodes de Hanoi; étude d'archéologie et d'épigraphie annamites.

Le grand Bouddha de Hanoï. Etude historique, archéologique et épigraphique sur la pagode de Tran Vu, avec texte chinois.

Manuel militaire franco Tonkinois, accompagné du texte hiéroglyque. Ouvrage adopté par l'Etat-Major général de la Division d'occupation pour les troupes indigènes, 3° édition.

Exercices pratiques de Langue annamite.

LES CHANTS

ET LES

TRADITIONS POPULAIRES

DES ANNAMITES

RECUEILLIS ET TRADUITS

PAR

G. DUMOUTIER

Inspecteur de l'Enseignement de l'Annam et du Tonkin.
Correspondant du Ministère de l'Instruction publique
pour les travaux scientifiques et historiques.

VOLUME ILLUSTRÉ

PARIS

ERNEST LEROUX, ÉDITEUR

28, RUE BONAPARTE, 28

1890

A

M. CHARLES LENIENT

Professeur à la Faculté des Lettres de Paris
Ancien Député.

PRÉFACE

La chanson populaire est l'expression spontanée d'un sentiment intime et vrai; c'est l'âme humaine vibrant sans contrainte et donnant toute sa gamme, criant ses joies, ses douleurs, ses préférences, ses répulsions. C'est le cœur d'une nation mis à nu.

Ce livre n'est pas une œuvre littéraire, c'est un document psychologique.

Nous ne souhaitons pas qu'il plaise, par son originalité, nous désirons qu'il soit, comme document, utile aux annamites et aux français en faisant mieux connaitre au peuple Protecteur la nation protégée.

Paris, 2 décembre 1889.
G. Dumoutier.

Dans l'interprétation des pièces qui composent le présent recueil, nous nous sommes attaché bien plus à rendre le sens et la nuance de l'idée que la traduction littérale du mot, que nous avons néanmoins serré de fort près. Nous regrettons de n'avoir pu donner qu'une orthographe par à peu près des mots annamites contenus dans le texte, les caractères dits *Quôc-ngu'* indispensables pour cela nous faisant défaut.

G. D.

AVANT-PROPOS

Les chants annamites dont nous donnons ici l'interprétation ont été recueillis par nous, au Tonkin, de 1886 à 1889; un certain nombre sont des couplets ou des rondes populaires que les gens se transmettent et qu'on ne trouve imprimés nulle part, d'autres forment des recueils de romances et de poèmes à l'usage des acteurs et des chanteuses de profession.

Les rondeaux, romances et chants populaires sont écrits en langue annamite vulgaire; les poèmes, les chants héroïques et les pièces de théâtre sont le plus souvent rédigés en langue littéraire chinoise, ou en annamite de style élevé, tellement hérissé de mots chinois, de locutions et de citations chinoises, que ces pièces sont aussi inintelligibles aux annamites du peuple que les psaumes de David le sont dans nos églises au commun des fidèles.

Le chant tient la plus grande place dans les réjouissances publiques et privées, où ce sont presque toujours des femmes qui chantent.

La profession de chanteuse exige une certaine mémoire; il faut apprendre par cœur et retenir, outre les chansons en vogue, tous les chants et poèmes classiques et rituels, dont quelques-uns sont d'une longueur et d'une monotonie désespérantes. La chanteuse s'accompagne de gestes lents des bras, de passes assez disgracieuses des mains et des doigts, de légères ondulations du corps et de pirouettes discrètes.

Les chanteuses sont généralement de mœurs légères; elles doivent rester célibataires; si elles se marient, elles abandonnent la profession.

Elles louent leurs services aux particuliers, dans les festins, les fêtes, les anniversaires; lorsqu'un mandarin ou un bourgeois a du monde à dîner, il loue des chanteuses dont il proportionne le nombre à celui de ses invités, chaque chanteuse se paie communément trois ligatures par nuit.

Elles sont recrutées par les musiciens et c'est avec ces derniers que l'on traite à forfait; ils se chargent de les réunir et de les payer.

Pendant le repas, les chanteuses sont accroupies et une seule chante; quand la chanson est finie, elle cède la place à une autre. Quelquefois, elle s'accompagne en frappant l'un contre l'autre deux morceaux de bois de fer, pendant qu'une de ses compagnes frappe sur un tambour, et que les musiciens jouent du violon et de la guitare.

Entre chaque stance et pendant la ritournelle, elle fait des mouvements de mains et tourne sur elle-même en arrondissant les bras.

Après le repas, chaque convive fait asseoir une chanteuse près de lui, et lui offre des aliments et du thé.

Chez les mandarins et dans les réjouissances publiques, les chanteuses forment des corps de ballet que l'on appelle Hàt bo bô; elles se placent en rangs, chantent en chœur et exécutent des mouvements d'ensemble lents et peu compliqués, chassés-croisés, balancements, pirouettes, etc. Parfois, elles portent sur le dos un appareil assez disgracieux composé de deux lanternes de papier allumées et entourées de fleurs artificielles; ces lanternes surmontent les épaules et ont la prétention de faire ressembler le corps de ballet à un parterre de fleurs lumineuses.

Le groupe des musiciens se tient, accroupi, derrière les chanteuses. L'orchestre annamite comprend généralement huit instruments; il prend alors le nom de *phu'o'ng bát âm*; il se compose de :

— Une petite flûte, *cái ong dich*.

— Un violon à deux cordes dont l'archet est enchevêtré de façon à produire sur les cordes le son dessus et dessous; on l'appelle *cái nhi*.

— Une guitare à trois cordes, dont la caisse est recouverte de peau de serpent, (*cái tam*).

— Une guitare à ventre oblong (*cái dàn ty*).

— Une guitare discoïde à manche court (*dàn nguyệt*).

— Un psaltérion (*cái dàn tháp luc*).

— Un timbre de cuivre donnant le son d'un triangle (*cái thiêu canh*).

LE PSALTÉRION ET LA GUITARE
(Dessin annamite)

— Un petit tambour (*cái trống bốc*).

— Quelquefois on y ajoute une sorte de contrebasse dont la caisse est faite de peau de bœuf.

L'orchestre est rarement au complet; quelquefois, il est composé d'amateurs, mais le plus souvent de musiciens payés; la musique est une profession assez lucrative dans les villes de quelque importance. Dans les villages, les musiciens ne sont pas rémunérés, on se contente de les faire participer au repas.

On rencontre dans les rues des chanteurs ambulants, ce sont toujours des aveugles, on les appelle *thàng xầm*, ou *con xầm*. Ils se réunissent par trois ou quatre de façon à former un orchestre et chantent tous ensemble, à l'unisson, en s'accompagnant eux-mêmes, l'orchestre des aveugles comprend des instruments spéciaux, entre autres le *cái đàn bầu*, qui est une guitare à une seule corde tendue par un arc sur une caisse de resonnance de forme rectangulaire et oblongue; le *cái sinh*, morceau de bois sur lequel on frappe en cadence; un tambour (*trống giầng*); des castagnettes de forme particulière (*cái cáp Ké*) et un petit tympan de cuivre que l'on tient avec le pouce du pied (*cái thanh la*).

Le chant des aveugles est généralement rapide et entraînant, l'accompagnement vif et très rythmé.

Il y a de faux aveugles, c'est une profession comme une autre; quand il se trouve un aveugle dans une famille pauvre, la famille tout entière stimule la cécité et forme un concert d'aveugles.

Les airs se transmettent le plus souvent chez les Annamites d'un individu à l'autre, leur mode de notation de la musique est très imparfait; il n'existe que pour les morceaux de musique instrumentale.

Il n'y a d'indication ni de mesure, ni de durée, ni de nuances, tout cela est laissé à l'arbitraire, il faut donc absolument entendre un air de musique pour avoir une idée de son allure et de son rythme.

Les Annamites ont plusieurs manières de noter les airs de musique, quand il s'agit d'instruments à cordes, ils se servent pour la gamme des caractères suivants :

情 性 特 星 高 我 咸

tinh   tinh   tính   tinh   tung   tàng   tang

La musique s'écrit au moyen de ces caractères sur des lignes verticales comme l'écriture ordinaire chinoise. Les phrases sont séparées les unes des autres par un intervalle.

Pour les instruments à vent, flûtes, pipeaux, musettes, etc., le nom des notes change.

信	音	bô	家	子	徂	希
tí	âm	bô	tích	tí	to	he

Pour les morceaux qui se doivent jouer sur le psaltérion (cái dàn thap luc) ils se servent le plus souvent de la notation chinoise.

上	合	工	五	六	四	尺	仕
xang	hò	cong	ngũ	luc	tu'	xe	xang

Il existe à Hué, un département spécial de la musique au ministère des rites, il a été copié, comme tous les rouages administratifs du reste, sur le ministère de la musique chinois, établi en 1742. Les musiciens du roi, les mimes et chanteurs du palais font partie de ce ministère; en chine, une partie du personnel chanteur est recruté parmi les eunuques; les écrivains, les chefs et sous-chefs parmi les fonctionnaires des autres ministères versés dans la musique.

Le sous-secrétariat d'État de la musique est chargé de la rédaction des airs que l'on doit jouer devant le roi et dans certaines solemnités civiles, militaires ou religieuses; il en dirige l'étude et en assure l'exécution.

Les règles de la composition musicale sont indiquées dans quelques livres chinois, elles sont fort peu intelligibles; ce que nous en savons, c'est que la gamme se divise en sons *mâles* et en sons *femelles*, que l'on associe dans des proportions variables selon la nature du sentiment que l'on doit rendre, et d'après certaines formules.

Les annamites aiment la musique et s'oublient de longues heures à gratter les cordes du *dàn*, ou à souffler dans des flûtes simples ou accouplées; ils pensent sans doute avec les chinois qu'on ne saurait trop cultiver cet art divin qui, « *non seulement dompte les bêtes féroces, mais encore fait régner la concorde parmi les fonctionnaires* »[1].

[1]. Le livre des Odes (Chou King).

Nous donnons ci-après trois airs annamites, transcrits au moyen de la notation chinoise; le premier s'intitule *L'eau qui coule*, le second *Le vaste sud*, le troisième *Les malheurs du sud*.

Nous les faisons suivre de quelques fragments de musique populaire, recueillis et notés à Hanoï par madame G. Dumoutier.

流水曲

合六合四上　尺上四上尺工合　四上尺工尺工

五六工五伬工尺　尺工六五六工尺　六尺工六尺工上　尺工

五　五五伬五伬六　五六工五六工尺　伬伬尺工尺工六

合工　六伬工四上尺　伬伬尺工尺伬　六伬六六反伬

合六合四上　尺上合六合四上　尺尺上尺四尺上　尺上四上

XIX

上　合四仜尺上　尺工六　刬尺工尺刬六　合六合　合四仜尺上。

四　仜四反仜反　上上上合上　尺仜　合四仜尺工　仜反仜反仜反

合反合　工六工　仜合四六　工六工　仜合四六

合上　尺仜　仜四仜尺上　合六四　合四仜　四合四　上上

尺四反合六合　尺合尺四　尺四合尺　合四仜尺　上上上

上上合上　尺仜　尺四上尺上　合六四上　合四仜尺上　四

● 南廣曲

工工 六尺工六 朝 六尺工六 朝 六六五

上尺四 尺反合六合 合四上尺上 合四上尺 合四化尺上

合 合四上尺 合四化尺上。上上合上 尺化

上上合上 尺化 尺四 尺反合六合 合四上尺上

南義曲

仕合四六 四四六 合四六仕合

仕合四六 上仕五 仕反六五六 工六工 仕合四六 工六工

合四仕尺上, 上上上合上 上仕六 上反六五六 工六工

尺仕 尺四上尺四 尺反合六合 合四上尺上合 合四上尺

六。 合六合四上 尺四仕尺 合四仕尺上 上上合上

Air pour les repas d'apparat et les réunions de famille; se joue sur le *cái ken doï*, instrument composé de deux petits pipeaux accouplés. La double embouchure de cet instrument est faite d'enveloppes d'une espèce de chrysalide. Le son du cái ken doï rappelle celui de la cornemuse.

Air de fête, pour les instruments à cordes *dàn nguyêt, dàn ty, dàn thap luc*, et pour la flûte, se joue dans toutes les réjouissances publiques ou privées.

Fragment d'air religieux, pour les processions, les sacrifices aux génies, les réunions de notables dans la maison commune (*nhà dinh*). Se joue sur la petite flûte.

Air pour le violon à deux cordes (*cdi nhi*).

Air funèbre, pour la grosse musette (*cdi ken*), se joue dans les enterrements, en tête du cortège; le même motif est incessamment répété.

Air funèbre, se joue sur les pipeaux doubles, dans les chambres mortuaires, en attendant l'inhumation.

LUTHIERS ANNAMITES

LES
CHANTS POPULAIRES
DES ANNAMITES

CHANTEUSES ANNAMITES

Le 15ᵉ jour du 8ᵉ mois Annamite, on célèbre la fête dite *Trung Thu*, que les européens appellent le *Têt* des enfants. C'est l'époque de la pleine lune d'octobre, et les annamites disent qu'elle est alors beaucoup plus brillante qu'en aucun autre mois de l'année. En cela, ils ne se trompent pas car les clairs de lune d'automne au Tonkin sont véritablement extraordinaires.

La fête a lieu pendant la nuit, les villageois se réunissent dans les cours ou sur les places publiques, les garçons d'un côté, les filles de l'autre, et l'on chante jusqu'au jour.

Un gros fil de fer, tendu à deux bambous solidement ancrés en terre, vibre au-dessus d'une grande jarre, enfoncée dans le sol et qui fait office de caisse de résonnance; on frappe en cadence au moyen d'un bâton sur le fil de fer qui rend le son sourd et prolongé d'un tam-tam de peau.

Le groupe des garçons et celui des filles chante alternativement, se provoquant, se donnant mutuellement la réplique, s'efforçant chacun de vaincre son adversaire dans ce tournoi musical.

Une ligature de sapèques suspendue par un turban, à la cime d'un bambou planté en terre entre les deux camps, est le prix du groupe vainqueur qui a droit, en outre, à une distribution de chiques de bétel aux dépens des vaincus.

Cet exercice est très en honneur parmi la jeunesse Annamite en ce qu'il procure aux filles et aux garçons l'occasion de faire briller leur esprit et leur savoir; il en est qui improvisent, mais la plupart se contentent de dire des couplets appris par cœur.

La fête de *Trung Thu* est généralement suivie de nombreux mariages.

Les annamites appellent ce duo littéraire *la joute fleurie*.

LA JOUTE FLEURIE.

LA JEUNE FILLE

Je n'ai pas oublié le temps où nous allions ensemble acheter et vendre, mais vous, m'avez-vous oubliée ?

LE JEUNE GARÇON

La voix qui chante ici me rappelle le son de la cloche d'or, ce ne peut être que la voix de ma bien-aimée.

LA JEUNE FILLE

Que ne suis-je transformée en sapèque et que n'êtes-vous le lien de la ligature, nous serions ainsi étroitement réunis !

LE JEUNE GARÇON

Que n'êtes-vous le gracieux aréquier à la tige élancée, je me ferais la liane flexible pour vous étreindre !

LA JEUNE FILLE

Quand je traverse le pont, je me penche et retire mon chapeau pour compter les colonnes; à chaque colonne je forme un vœu pour vous.

LE JEUNE GARÇON

Quand je me rends à la pagode je retire mon chapeau et je compte les statues, à chaque divinité je fais une prière pour vous.

LA JEUNE FILLE

Le bambou est toujours et partout gracieux, même quand il s'élève au milieu de la haie parmi les arbres vulgaires. Ma beauté est de même je suis belle parmi toutes les autres jeunes filles.

LE JEUNE GARÇON

Allez, je vous prie, chercher votre sœur aînée pour chanter avec moi et me donner la réplique ; je crains qu'à la jeunesse vous ne joigniez l'inexpérience.

LA JEUNE FILLE

La lampe orgueilleuse se vante d'être plus brillante que la lune, qu'il survienne un coup de vent et la voilà éteinte.

LE JEUNE GARÇON

La lune orgueilleuse se vante d'être plus brillante que la lampe, qu'il survienne le moindre nuage et la voilà disparue.

LA JEUNE FILLE

Que l'homme se tienne assis sous les touffes de bambous,
Qu'il se tienne debout à l'ombre de l'arbre Maï,
Qu'il laboure la rizière à l'Est,
Qu'il défriche la forêt à l'Ouest,

S'il est éloigné de sa bien-aimée il ne peut cependant vivre seul,

Qui sait alors de quelle fille il fera son amie!

LE JEUNE GARÇON

Ah! si je pouvais espérer vous avoir pour épouse!

Je m'engagerais à construire, pour baigner vos pieds, un vaste bassin de briques en forme de demi-lune.

LA JEUNE FILLE

J'aime à manger l'orange acide et me plais à m'asseoir à l'ombre de l'oranger, mais si je vous épousais, je ne vous suivrais pas en Chine.

LE JEUNE GARÇON

Je ne suis pas un homme du commun et n'ai pas la passion du jeu; je suis serviteur du roi, je combats pour le roi et je rame sur la jonque royale.

LA JEUNE FILLE

Si le Dragon d'or se lave dans l'eau impure, son corps brillant se charge d'impuretés.

Si le savant s'unit à l'ignorant, son esprit s'oblitère et la science s'envole.

LE JEUNE GARÇON

La musique n'est pas faite pour l'oreille des buffles ; on ne tue pas les moineaux à coups de canon, ni les mouches à coups de sabre.

LA JEUNE FILLE

Quand on accepte une chique de bétel, il est prudent de l'ouvrir d'abord ; elle pourrait contenir du poison, ou bien une trop grande proportion de chaux.

LE JEUNE GARÇON

Quand on mange un litchi, on doit l'ouvrir d'abord ; qui sait si quelque ver immonde n'en ronge pas le cœur.

LA JEUNE FILLE

Votre souvenir m'absorbe à tel point que le jour j'oublie de manger et la nuit je ne puis dormir.

LE JEUNE GARÇON

Je vous cherche comme on cherche un oiseau rare, mais comment vous trouver ? Je cherche sur les bords de la mer de l'Est, Quand l'oiseau s'enfuit vers la mer du Nord.

LA JEUNE FILLE

On ne prend jamais une aiguille d'or pour faire un hameçon, les gens sages n'ont jamais entre eux de paroles mauvaises.

LE JEUNE GARÇON

Vous m'avez reconnu, mais dites la vérité : me connaissez-vous bien ?

LA JEUNE FILLE

Vous êtes l'or brillant et je suis le bronze noir.

Vous êtes la fleur odorante et blanche du carambolier et je suis la fleur de lotus du grand lac.

Nos qualités pour être différentes, n'en sont pas moins égales.

LE JEUNE GARÇON

Dans les jeux de passe-temps, à l'examen des lettrés, qui peut égaler mon adresse à faire une batterie sonore sur le gong?

LA JEUNE FILLE

Je voudrais vous rejoindre, mais je ne le puis, la barque du village est retenue par le mandarin. Et je n'ai pas d'argent pour payer la barque du passeur.

LE JEUNE GARÇON

Depuis le soir d'hier jusqu'au soir d'aujourd'hui j'ai porté mes regards de tous côtés et ne vous ai pas vu venir. A quoi donc avez-vous employé votre temps?

LA JEUNE FILLE

A écouter les cigales en regardant la lune. A voir les poissons rouges se poursuivre dans l'eau du lac.

LE JEUNE GARÇON

J'aperçois le nuage d'or au ciel, c'est un

présage heureux, il faut nous fiancer aujourd'hui même.

LA JEUNE FILLE

J'y consens à la condition que vous me direz combien il y a d'arbres dans la forêt, de rochers sur la montagne, et combien de fois le fleuve Rouge se replie sur lui-même.

LE JEUNE GARÇON

Nous n'avons pas payé les gens qui ont défriché la terre et qui ont planté l'arbre, il ne nous est donc pas permis d'en manger les fruits, mais ne pouvons-nous pas casser quelques branches fleuries pour nous amuser?

LA JEUNE FILLE

Bien que je consente à m'unir à vous, je suis déjà promise à un autre homme, je suis comme la serrure à laquelle on a donné un tour de clef. En quittant mon fiancé pour vous suivre, je brise la serrure et la clef, ne m'en saurez-vous aucun gré?

LE JEUNE GARÇON

Si vous consentez à me suivre, fier de ma

victoire, j'irai chercher un riche palanquin et vous conduirai à la campagne où vous paitrez les buffles.

LA JEUNE FILLE

Vous vous moquez de moi, n'importe, je suis comme la cloche d'or suspendue à la pagode du Quan Thu'o'ng et gardée par mille soldats.

LE JEUNE GARÇON

Vous êtes jolie comme la jeune fille peinte sur le tableau, et il me semble que je suis le pinceau dont on s'est servi pour peindre cette figure.

LA JEUNE FILLE

Je vous aime en secret et malgré moi, je ne puis me soustraire à cet amour qui me trouble quand je repose mes yeux sur vous ou que je touche de la main votre main.

LE JEUNE GARÇON

Mon cœur brûle, je prie le ciel de nous épargner les rayons ardents et de faire souffler un vent léger qui rafraichisse mon cœur.

LA JEUNE FILLE

Je vais au jardin prendre une noix fraiche d'aréquier, je la partagerai en quatre et nous la mâcherons ensemble.

LE JEUNE GARÇON

Je vous aime, mais vous avez le cœur dans le cou, vous êtes hautaine et je suis comme l'affamé qui voudrait cueillir une banane sur un bananier trop élevé.

LA JEUNE FILLE

J'ai pris le couteau d'or pour partager le mets savoureux et vous l'apporter sur un plat de Chine. En arrivant au rendez-vous, je n'y trouvai que votre ami et mon âme fut inquiète et troublée, comme si j'avais perdu une barre d'or.

LE JEUNE GARÇON

Mais aujourd'hui, nous sommes réunis, dites-moi sincèrement si vos paroles ne sont pas feintes et si vous vous souvenez toujours de notre ancienne amitié.

LA JEUNE FILLE

Il ne tient qu'à vous que nous ressemblions à deux vers à soie, mangeant à la même feuille, et faisant notre nid dans la même corbeille.

LE JEUNE GARÇON

Vous êtes comme une fleur dont on a pris l'odeur, votre parfum est perdu, je ne vous désire plus.

LA JEUNE FILLE

Voilà bien comme vous êtes tous, lettrés et philosophes, dédaigneux et inconstants; vous avez près de vous un miroir admirable et vous ne vous y mirez pas... Ah! ma tristesse est extrême.

LE JEUNE GARÇON

La femme qui a perdu la pureté du cœur est comme la fleur coupée, tombée au milieu du chemin, le passant la foule au pied : on ne ramasse pas les fleurs tombées.

LA JEUNE FILLE

Vous vous trompez et m'injuriez; je cherche un époux digne de mes joues de vermillon et de mes dents noires et brillantes; je n'aime ni les rizières ni les étangs, et ne saurais choisir un cultivateur; mes goûts me portent vers le pinceau et l'encrier, je veux épouser un étudiant.

LE JEUNE GARÇON

Vous aimez les oranges, mais comme les fruits sont nombreux sur l'arbre, vous ne pouvez les manger tous, après vous être rassasiée, vous faites tomber tous les autres à terre et les contemplez en vous reposant à l'ombre.

LA JEUNE FILLE

Celui qui tient la balance de l'orfèvre doit connaître l'or pur; celui qui veut juger ses semblables doit savoir distinguer les bons des mauvais.

LE JEUNE GARÇON

N'oubliez pas que vous êtes ici pour chanter, pour amuser les autres, or, que vous soyiez vaincue dans la joute littéraire ou que vous soyez mon vainqueur, nous ne devons ni l'un ni l'autre laisser voir l'amertume de nos pensées.

LA JEUNE FILLE

Mon cœur n'a point d'amertume. Je prie les assistants de chaque côté de s'éloigner un peu et de me laisser seule en face de ce jeune garçon, on verra de quel côté sera la victoire.

LE JEUNE GARÇON

Vous et moi, nous sommes comme deux pièces d'argent, l'une inclinée, l'autre renversée; nous devons nous unir et nous aimer sans cesse.

LA JEUNE FILLE

Nous serons deux époux heureux et beaux nous aurons la pureté du riz blanc, la saveur du riz gluant et le parfum du gâteau *gio*.

LE JEUNE GARÇON

Nous sommes unis pour la vie: notre amour durera autant que nous-mêmes, no supporterons tout ensemble, nous mangerons le gingembre, comme le sel, ensemble et sans nous plaindre.

LA BALLADE

Des repiqueuses de riz.

Je n'ai pas de chapeau et je dois repiquer
Du riz jusqu'au soir.
Que le soleil m'épargne la chaleur,
Que les nuages m'épargnent la pluie,
Je dois repiquer du riz jusqu'au soir.

Allons repiquer au pays de Doaï
On dit que le salaire y est nul, mais qu'im-
　[porte?
Si les hommes y sont beaux et si l'on en rap-
　[porte,
Au bout de la saison, un bel enfant qui pleure
Et qu'on apaise en l'embrassant.

Joli moissonneur que faites-vous seul dans la
　[rizière?
Venez donc près de moi, je n'ai pas encore
　[d'époux.

Vous qui passez sur la digue, votre figure me
 [plait,
Permettez-moi de vous suivre jusqu'à votre
 [demeure,
Je désire mâcher le bétel avec vous.

Pendant mille et mille ans gardez-vous
De repiquer du riz au village de La;
Les hommes y sont laids,
On n'y mange que du riz sans saumure
Et les aubergines du pays sont détestables.

Qui donc m'a conduite en cet endroit?
Partout des rivières, partout des montagnes,
Je suis triste, triste, dans ce désert ;
Je ne puis m'entretenir avec personne,
Ma seule compagne est la lune qui me regarde.

Le couteau d'or doit entrer dans la gaîne de
 [velours;
Hélas! Hélas! qui voudra de moi?
La repiqueuse de riz n'est pas pour l'étudiant,
Pourtant mon cœur s'agite et tout mon être
 [brûle
Comme si j'étais sur un feu ardent.

Eh! là-bas, toi qui portes l'habit blanc,

Demande à la vieille mère de te le teindre
 [en noir.
C'est la lune que j'interpelle, mais elle ne
 [répond pas,
Et continue, immobile, à me regarder fixe-
 [ment.

Vous que je rencontre ici, rappelez-vous
 [votre promesse.
En touchant le peigne, souvenez-vous du
 [miroir,
En touchant le turban, souvenez-vous de la
 [bourse,
Je reste à la rizière, et déjà vous voilà loin,
Beau voyageur, souvenez-vous.

En voyant la gourde qui contient mon vin,
On me regarde en riant comme si j'étais
 [ivre.
La gourde est vide et si ma figure est triste,
C'est qu'il est deux heures, que le soleil passe,
Et que je n'ai rien à manger.

Gardez-vous d'épouser jamais un étudiant,
Les étudiants ont le dos très long
Et aiment à se vêtir de belles étoffes
A peigner leur chevelure, à laisser croitre
 [leurs ongles.

Et ils ne quittent la table que pour aller
  [dormir.

Chantez, amusez-vous, profitez du prin-
  [temps,
De peur de ne pas voir l'automne,
La vie n'amène pas toujours la vieillesse;
Voilà que vos années de soleil s'écoulent,
Qu'attendent vos parents pour vous donner
  [une femme?

Avouez, la main sur le front, que vous avez
  [trente ans.
Laissez-moi vous suivre jusqu'à votre mai-
  [son,
Pour connaitre le visage de vos parents.
Ne me dédaignez pas, je saluerai vos ancê-
  [tres,
Je boirai le thé, je mâcherai le bétel avec
  [vous.

O vous, voyayeur, arrêtez un instant,
Etes-vous si pressé? La repiqueuse de riz
A du betel dans sa ceinture, de l'arec dans
  [son couvre-sein.
La route est longue et le soleil ardent,
N'avez-vous aucune histoire à me raconter?

Il faut jouir de la lune quand elle est dans
 [son plein,
Il faut jouir des fleurs quand elles sont épa-
 [nouies,
Quand vous étiez jadis avec vos compagnes
Vous chantiez tout le jour, d'où vient votre
 [tristesse
Depuis que vous avez suivi l'époux?

Votre mère aimait le riz gluant et parfumé,
Les cochons bien gras et les sapèques de
 [Canh-Hung.
Le gâteau Chung est savoureux,
Les ligatures s'entassent dans le coffre,
Mais les coups de rotin sont bien cuisants.

Que le ciel nous donne de bonnes moissons!
Vous vendrez le riz que je repique
Et vous m'achèterez à mes parents ;
J'abandonnerai tout pour vous suivre,
La pagode, la boîte à betel, le village et la
 [pipe à eau.

Vous m'avez dit ma sœur que vous n'aviez
 [pas d'époux
D'où vous vient cet enfant que vous portez
 [sur la hanche?

On dit qu'il vous ressemble neuf parties sur
   [dix,
Moi je trouve qu'il ressemble, dix parties
   [sur dix,
Au maître dont vous fîtes la moisson l'an
   passé.

Qu'il me tarde de voir les deux premiers
   [mois de l'année !
La terre se repose et les paysans aussi.
L'air est frais, les filles arrachent l'herbe des
   [rizières,
Tout en riant avec les jeunes garçons
Qui les regardent assis sur les bordures.

C'est le moment des amours pour tous les
   [âges,
L'homme dit à la femme : « Quitte ton
   [époux,
« Et je quitterai mon épouse pour te suivre,
« Ne t'inquiète pas des petits enfants,
« Il deviendront les miens et j'en aurai grand
   [soin. »

Le jeune homme abandonne sa fiancée,
La femme abandonne son mari.
Mais l'amour s'envole avec la belle saison...

« Je trouve que vos enfants sont bien jeunes,
« Il vaut mieux les rendre à leur père. »

Allons au pays de l'Est pour repiquer le riz
Nous y verrons la pagode de Pha Laï,
Nous traverserons le fleuve de Sâu Dâu;
Il fait bien froid la nuit et vous êtes seule,
Que ne venez-vous partager ma natte épaisse?

On dit qu'il vaut mieux, sur des feuilles de
 [bananiers,
Coucher avec deux hommes à la fois,
Que de dormir seule sur une natte bien
 [fraîche.
Je n'ai pu cette nuit goûter un instant de
 [sommeil,
Les moustiques et votre souvenir m'ont te-
 [nue éveillée.

Passez votre chemin, ne me dites rien de
 [plus,
Vos paroles sont mensongères.
Vous voulez vous moquer ou rire un ins-
 [tant,
Là bas, dans la cabane en feuilles de lata-
 [nier,
Votre femme légitime, jolie comme une
 [barre d'or, vous attend.

LA NUIT D'AMOUR

Belle jeune fille, ne me le cachez pas,
Avez-vous déjà mâché le bétel avec un
  [époux?
Pour qui donc avez-vous laqué ces jolies
dents noires?
Si ce n'est pas pour moi je n'en suis point
  [jaloux,
Je vous aime et vous désire ardemment.

Vous êtes venue ce soir pour partager ma
  [natte,
O ciel! ne permets pas au soleil de surgir!
Retiens-le par delà les montagnes!
Que cette nuit soit longue, longue,
J'ai tant de douces choses à vous dire!

LA FLEUR DE GAO

———

Je suis la fleur de Gao sur l'arbre,
Vous êtes l'herbe de Long Maï sur le bord
 [du chemin;
Quand la chaleur ardente succède à la rosée
 [du matin,
La fleur se détache et tombe sur l'herbe,
L'herbe de Long Maï protège la fleur tombée.

Celui qui laisse vieillir sa fille
Sans rechercher pour elle un mari,
Est comme qui néglige d'entourer son jardin,
Et laisse grandir et fleurir ses raves
Au lieu de les manger quand elles sont mûres
 [et tendres.

Venez me voir vous qui tous les soirs,
Vous promenez avec un turban rouge,
Et vous qui portez un turban blanc

Venez, nous planterons ensemble des auber-
 [gines
Et je vous donnerai des fruits pour vos en-
 [fants.

Donnez-moi votre turban blanc
Je le teindrai en jolie couleur bleue, rouge
 [ou jaune;
Oh! mon frère qui portez péniblement
Une charge d'eau, je vous appelle
Et vous ne tournez même pas la tête vers
 [moi!

L'AVEUGLE

Mes yeux sont morts mais mon cœur est
 [vivant,
Je marche dans la nuit profonde, éternelle.
J'entends votre rire et le son de votre voix,
Semblable aux vibrations de la cloche d'or
 Et je vous aime.

Vous m'avez dit que vous n'aviez pas d'époux
Et que personne n'égayait votre chambre.
Venez avec moi, je vous couvrirai de beaux
 [habits,
J'entourerai votre cou de colliers de grains
 [d'or.
Si mes yeux ne peuvent vous voir,
Vous laisserez mes mains vous toucher.

Je ne vous entends plus, êtes-vous toujours
 [près de moi?
Ou bien mes paroles vous ont-elles déplu,

Et m'avez-vous quitté déjà ?
Laissez-moi vous aimer, vous irez devant
 [moi,
Et guiderez mes pas dans la nuit de mon être.

DUO D'AMOUR

LA JEUNE FILLE

Je veux acheter pour vous de beaux vête-
 [ments de soie,
Une tunique légère et transparente,
Un pantalon épais et soyeux,
Une ceinture rouge, un parapluie
C'est ainsi que je vous aime;
Si vous refusez, je serai désolée.
Le gong a sonné la première veille,
Approchez-vous de moi
Nous dirons des histoires joyeuses.

  Est-il quelqu'un qui n'aime pas
   Les fils de soie rouge?
  Est-il quelqu'un qui n'aime pas
   Les jolies filles?

LE JEUNE GARÇON

Petite sœur aimée pourquoi donc êtes-vous
 [triste?

Avez-vous perdu quelque proche parent ?
Votre fiancé vous a-t-il manqué de promesse ?
Soupirez-vous après le mariage ?
Jolie fille à la joue de vermillon,
Que ne me prenez-vous pour votre époux ?
Je suis habile en toute chose
Mes talents sont connus de tous les lettrés.

> Est-il quelqu'un qui refuserait
>   Une pièce d'or ?
> Est-il une jeune fille qui refuserait
>   De prendre un savant pour mari ?

LA JEUNE FILLE

Le trentième jour du Têt apporte le printemps,
Le printemps c'est la joie pour tout le monde.
> Je suis jeune et je suis gaie
> Ne me repoussez pas ;
Je suis jeune et petite, mais je suis habile,
> Ma bouche sait chanter,
> Mon pied danse avec grâce,
> Ma main est agile sur le dàn.
>   (*musique, tinh, tinh, tung, tang*)
Écoutez la princesse chanter dans la forêt.

LE JEUNE GARÇON

Vous êtes riche, mais votre argent
Comme l'eau de la mer monte et descend
Selon le malheur ou le bonheur de votre fa-
 [mille.
Je vous aime comme la branche fleurie et
 [parfumée.
Il y a cinq veilles dans une nuit;
Je dors seulement pendant trois veilles,
Puis, je sors contempler le ciel et songer à
 [vous.
J'ai cueilli cinq sortes de plantes savoureuses,
Je les ferai cuire dans cinq vases différents,
Je les servirai dans cinq petites tasses
Je vous convie à partager ce repas.

AMERTUME

La barque de l'amitié est amarrée au rivage
Je ne puis m'en servir pour traverser le
 [fleuve;
Les amis ont déserté l'ombre de ma chau-
 [mière.
    En vain j'implore les Génies,
        Mon cœur est ulcéré;
J'ai brûlé cette nuit un plein vase d'encens.
L'aigle orgueilleux dédaigne le fruit du Sung
Et ne doit se repaître que du fruit du Ngo-
 [Dông.
L'aigle orgueilleux se tient sur les plus
 [hautes cimes,
Mais quand arrive le temps de disette et de
 [malheur,
On le voit descendre au niveau des oiseaux
 [de basse-cour
    Et chercher sa nourriture dans la fange.

CHANSONS
pour endormir les enfants.

―――

Dors, dors, petit frère
Dors et ne pleure plus,
Notre mère est allée au marché de Sêt;
Il faut acheter de la chaux pour le bétel,
Notre mère ne peut tarder à revenir

Dors, dors, petite sœur
Mon cœur est rempli de tristesse,
Laisse-moi me retirer dans ma chambre
Pour pleurer sur mon sort.

Que maudit soit celui qui tourmente mon
[frère
Et le fait pleurer tout le jour.
Dors, dors, petit frère

Notre mère est allée repiquer dans la ri-
[zière;
 A son retour elle donnera
 De beaux poissons pour le repas du soir.

✥

Il est impossible de voir un enfant
 S'endormir sans pleurer
 Et s'apaiser sans être bercé.
Si je me trompe, je consens à boire du vin
[de riz,
A fumer du tabac et à prendre une femme.
Je suis trop jeune encore pour boire du vin
 [de riz,
Pour fumer du tabac et songer à l'amour.

✥

Le crapeau a les lèvres rouges,
C'est que le crapaud a mâché du bétel.
Qu'elle vienne celle qui veut épouser mon
 [père,
Mon père l'accueillera doucement
Avec de belles paroles et sans la frapper,
Mais ma mère lui crèvera les yeux
Et lui sortira les entrailles du ventre.

✥

La poule en chantant dit :
Feuille de citronier, feuille de citronier;
(*lá chanh, lá chanh*)
Et le cochon grognant dit :
Achetez des oignons, achetez des oignons.
(*mua hành, mua hành*) [1]

Bông, Bông, bông, Bòng, la maman berce
Son enfant bông, bông, bông, bông.
Quand il sera grand l'enfant deviendra
Un savant mandarin
Il servira le roi et illustrera ses parents.

La vieille s'en va au marché
Cahin caha, par la pluie,
L'eau tombe sur son vieux dos voûté,
Elle marche comme une écrevisse de mer,
Cahin caha, par la pluie.

---

1. C'est une allusion au cri de ces animaux et à ce que la viande de porc se mange généralement avec des oignons et la chair de poulet avec des feuilles de citronier.

LA FILLE DE KÉ-MO

Je suis une fille du village de Ké-Mo,
Je vais sur les routes pour vendre du vin de
 [riz;
Mon vin est le plus savoureux du pays
Bien qu'il soit contenu dans un vase ébréché;
L'habit usé et rapiécé n'est pas la peau du
 [corps,
Il peut recouvrir des formes gracieuses,
Il peut cacher un cœur de diamant.
Vous êtes bien ivre pour vouloir boire mon
 [vin,
Vous êtes bien laid pour vouloir partager
 [ma natte,
Osez-vous bien vous approcher de moi?
En vérité voilà des choses extraordinaires!
Qui veut boire le vin de la fille de Kè-Mo
Doit être beau de corps et d'esprit distingué.

THUY-KIÊU

Thuy-Kiêu était la plus jolie
Parmi les belles filles de son temps;
En allant réparer le tombeau de Dam-Tiên
Elle rencontra Kim Trong et l'aima.
La nuit suivante, Dam Tiên lui apparut en
 [songe :
« Pauvre enfant, lui dit-elle, quel sombre
 [avenir est le tien! »
Elle s'éveilla remplie d'épouvante,
Et pleura en se rappelant la triste prophétie.
Sa vie ne fut qu'une suite de malheurs;
Pendant quinze ans, elle erra par le monde,
Et finit par mourir noyée dans les eaux du
 [Tiên Du'o'ng.
Plaignez la malheureuse Thuy-Kiêu.

RONDES ENFANTINES

La consigne appelle le sergent à la capitale.
La femme du sergent prend son chapeau
Et suit son mari par derrière;
Mais le chemin est inégal et glissant,
La femme du sergent se fatigue
Et la sueur coule de son front.
N'importe elle aime son mari
Et le suivra jusqu'à la capitale.

✠

Si tu me dis combien le serpent a d'anneaux,
Combien le pont a de colonnes,
Combien il y a d'hommes au marché,
Je m'engage à lancer une pierre jusqu'au ciel,
A épuiser la mer avec un panier,
Et à faire rire la jeune fille peinte sur ce ta-
 [bleau.

✠

Ma mère, je veux manger le fruit du Xinh;
Mon fils, montez en cueillir sur la montagne.
Ma mère, je veux manger des coquillages;
Mon fils, descendez en chercher sur le ri-
   [vage.
Ma mère, je veux me marier;
Et moi aussi, mon fils, dit la mère.

Fourmi, tu manges mes patates
Sans souci de ma pauvreté,
Que ne vas-tu voir les gens riches?
Aigrette, héron et pélican,
Pourquoi détruisez-vous le riz de ma ri-
   [zière?
Moi, dit l'aigrette, je me nourris de vers;
Nous, disent le pélican et le héron,
Nous ne mangeons que les grenouilles
   [criardes.

✥

Jolie petite libellule,
   Volez, volez vite;
Si vous ne vous envolez pas,
L'enfant vous attrapera
Et il vous enterrera.

VIVE LE ROI

Dix mille années, dix mille années
 [d'existence au roi.
Que son règne soit aussi brillant
Que ceux de Nhiêu et de Thuân ;
Que ses sujets lui soient fidèles
Comme le furent autrefois Cao et Qui ;
Que ma voix réjouisse les assistants,
Et que le parfum de l'encens que j'allume
 [s'élève jusqu'aux cieux.

Si Gia Cat n'avait pas succombé,
La dynastie des Han n'eût pas été ruinée.
Le devoir des sujets est de combattre pour
 [le roi
Et d'assurer la paix du royaume.
Lorsque Chu Du gravit le sommet du Nam
 [Binh,
Il aperçut les jonques de guerre de Tao
 [Thao

Chargées de troupes et se dirigeant sur
 [Hua Do;
Il rassembla rapidement ses embarcations
Et les lança, pleines de feu, à la poursuite
 [des ennemis.
Pour échapper à un désastre certain
Tao Thao dut s'enfuir jusqu'à Giang Dong.

COUPLETS HÉROÏQUES

A CAO TO

Jadis le roi Cao Tô traversa le fleuve Manh
Pour entrer dans le Quan Trung;
Il montait un cheval rapide,
Agitait lui-même l'étendard,
Tous les brigands furent dispersés
Et la paix redescendit sur le monde.

A QUAN DÊ

Quan Dê, le Saint, le vertueux,
Livra seul cent batailles;
Ses mains bandèrent l'arc et lancèrent des
[flèches;
A son seul aspect les ennemis étaient ter-
[rifiés.
Son savoir était immense, son nom fut ins-
[crit

Sur la table à dragons.
Il fut reçu le premier aux examens militaires,
Fut toujours vainqueur et parvint
Aux plus hautes dignités.

⸸

A KHONG MINH

Lors de la guerre entre Lu'u Bi et Tôn
 [Quyên,
Sur les rives du fleuve Xich Bich,
Không Minh voulant aider Lu'u Bi
Usa d'un stratagème fort curieux.
Il fit établir un vaste terrassement
De la forme de la Grande Ourse;
Quatre cours d'eau sortaient du terrassement
Et se dirigeaient vers les étoiles de Gioc,
De Cu'ong, de Dân et de Ngu'u.
Il fit planter de tous côtés des étendards
Puis, appela à son aide tous les vents du ciel.
Les vents se déchaînèrent avec violence,
Faisant flotter les étendards, agitant les
 [lances,
Produisant un cliquetis épouvantable.
L'ennemi fut terrifié et s'enfuit.
Khong minh était un homme extraordinaire.

⸸

A QUAN DÊ

Du'c Quan Dê était à Ha-Bi ;
Voyant Tu'o'ng Liêu s'allier à Tào Tháo,
Il lui signifia ces trois ordres :
Ne jamais regarder la femme de Lu'u Bi ;
Se soumettre aux Han et non à Tào Tháo ;
S'informer de la retraite de Lu'u Bi ;
Il ajouta : si tu n'obéis pas,
Je marcherai contre toi.
Quan Dê était un héros ;
Personne ne l'a jamais surpassé en bravoure.

A TÀO THÁO

Tào Tháo était le plus rusé de son temps,
Lorsqu'il régnait à Hoang Thanh,
Il résolut de s'emparer de Giang Dông.
Bang Si Nguyen prépara la défense,
Chu Du montait les jonques de Tào Tháo.
Il profita du vent favorable,
Alluma de grands feux sur les jonques,
Et les laissa dériver sur la flotte ennemie
Qui fut incendiée sur le fleuve Xich Bich.
Le Ciel seconde les gens habiles.

LA RONDE DES BATELIERS

Quel bateau vient là-bas vers le milieu du
   [fleuve?
Holà! si le bateau est large
Permettez aux deux sœurs d'y prendre pas-
   [sage;
Mais, hélas! s'il est étroit
Quel chemin suivront les deux sœurs?
Le voilà qui gouverne pour s'approcher de
   [nous,
Nous lavons nos pieds dans l'eau du fleuve
   [pour monter à bord.
Joli batelier, quand il sera nuit,
Vous vous étendrez sur votre natte
Et les deux sœurs dormiront près de vous.

Vous êtes, dites-vous, les filles d'un mar-
   [chand?
Vous vous rendez auprès de vos époux
Qui sont tous deux mandarins des douanes?

En amont du fleuve est la douane de Trinh,
En aval se trouve la douane de Chi,
Au confluent se trouve la douane de Hac,
Vers laquelle de ces trois dois-je diriger
 [mon bateau ?

Les temps sont difficiles pour les mandarins ;
Le commerçant achète neuf et vend dix
 [seulement,
Il ne peut offrir au douanier qu'un présent
 [insignifiant,
Une ligature et une boîte de bétel.
C'est un pauvre cadeau, mes petites sœurs !
Ne vaut-il pas mieux que vous laissiez là
 [vos époux,
Et que vous me suiviez dans ma cabane
Où je vous épouserai l'une et l'autre ?

Le fleuve Mo, le fleuve Man et le fleuve
 [Dao
Se réunissent pour former le fleuve Dây.
Ayez confiance en moi, je vous promets la
 [fortune.
Quand le pont de bambous est bien établi,
Il est plus solide que le pont de briques
Sur lequel on a bâti une maison.
Venez avec moi, laissez vos mandarins,

Tous les jours vingt marchands s'arrêtent à
 [la douane,
Votre vertu n'y saurait tenir.

LE CONTREBANDIER

Holà, le maître de la jonque !
N'allez-vous pas au Nghe-An et au Thanh-
 [Hoa?
Ce bateau, de l'autre côté du fleuve
Peut-il transporter des voyageurs ?
Je veux faire le commerce et gagner beau-
 [coup.

J'achète une charge de plumes de paon
Pour la vendre au pays de Dâng,
Mais je veux éviter de payer la douane
Et je cache les plumes au fond du bateau.
Hélas ! mes compagnons la foulent aux pieds
Tout est perdu..... et je maudis le ciel.

CHANT POUR EXCITER LES BATELIERS

Yoo ta, Yoo ta
Le fleuve conduit au pays de Ngâu
Nous nous arrêterons à Trêm pour manger ;
Le banc de sable s'étend jusqu'ici,
Il nous faut de nouveau traverser le fleuve.

Yôo ta, Yôo ta
Allons frères, courage, ramez avec vigueur,
Ramez jusqu'au détour du fleuve.
Quand nous serons au milieu du courant,
Nous rentrerons les avirons.

STANCES

pour les cérémonies sacrificatoires aux Génies.

Que l'Etat soit à jamais prospère !
Nous offrons de l'encens aux Génies.
Nous chantons leurs louanges,
En accordant nos voix avec nos instruments.

Pendant les longues nuits on entend le
 [tambour,
Tantôt lent et tantôt rapide,
La brise apporte des senteurs parfumées.
Formons des vœux ardents pour que le ciel
Donne au roi de longs jours,
Au royaume une éternelle prospérité,
Au peuple la paix et la richesse.

La fumée de la baguette odorante
Monte vers le ciel, en traçant dans l'espace
De longs dragons d'azur
Qu'argente la lumière de la lune.

Honneur aux Génies du temple !
Qu'ils accordent au roi, bonheur et lon-
 [gévité !

Puisse la famille royale
Sé perpétuer pendant mille ans,
Et notre roi sur son trône
Ressembler au dragon merveilleux !
Puissent les étudiants du village
Parvenir à de hautes dignités !
Puissent les dragons des nuages
Assister le peuple d'Annam !

———

LA CHANSON DU PRINTEMPS

La nuit est profonde et silencieuse,
Le son du *dan*, le son du tambour
Arrivent à mon oreille,
Mon cœur est très mélancolique;
J'entends la voix des chanteuses,
Le son clair et cadencé des cloches
Et ma tristesse est extrême.

Le jour paraît, le soleil monte à l'horizon,
Ses rayons éclairent et réchauffent la terre;
Les nuages de cinq couleurs courent sur
  [nos têtes;
Le souvenir reparait, le cœur renaît,
L'amour le pénètre avec le soleil,
Et il vous vient en foule, à l'esprit,
De doux propos qu'on voudrait dire à
  [d'autres.

Le son du *dan*, le son du tambour,
La voix des chanteuses et le bruit des clo-
  [ches

N'attristent plus le cœur
Quand les yeux voient, par-dessus les arbres,
Courir dans la lumière du ciel
De beaux nuages à forme et reflets de dra-
 gons.

Prenons notre guitare et chantons,
Profitons des jours et des nuits de printemps,
Hâtons-nous de jouir de la belle saison
Avant que l'Automne ne fasse tomber
  Les feuilles de Ngo Dông.
  La jeunesse passe très vite.

LA JOLIE FILLE DE LA RIVIÈRE CLAIRE

Le fleuve Clair se replie neuf fois sur lui-
   [même;
Ses eaux sont limpides, mais si profondes
Qu'on n'en peut voir le fond.
Sur ses bords les petits oiseaux chantent :
   Diu dit, diu dit,
Une jeune fille aux yeux de jade,
   Au visage d'ivoire,
Appuyée au mur du pavillon,
Recherche dans son cœur d'amoureux sou-
   [venirs.
Elle regarde la lune brillante et douce;
Le bruit des tambours et des chansons
Arrive jusqu'à elle et l'attriste.

C'est à moi qu'elle songe ainsi,
C'est pour moi qu'elle se tient debout
Hors de la maison près la porte de bam-
   [bous,

Nous nous aimons depuis longtemps.
J'irai ce soir encore m'asseoir près d'elle
Et lui parler de poésie et d'amour.

LA MONTAGNE NAM SON

Est-il un lieu plus réjouissant à voir,
Plus frais, plus délicieux que la montagne
[Nam Son,
Qui s'élève au milieu des rizières,
Couverte d'arbres verts pressés comme des
[épis ?

Quand on gravit jusqu'au sommet,
Si l'on tourne la tête pour regarder en ar-
[rière,
On voit dans le lointain jusqu'à plus de
[mille lis,
Les routes, les villages, les rizières,
Et le fleuve ondulant comme un serpent im-
[mense.

La brise qui passe entre les branches d'ar-
[bres
Et agite les feuilles au-dessus de la tête,
Est embaumée par mille parfums différents;

On entend, sur le versant de la montagne,
Un ruisseau courir dans les pierres
Et tomber en cascades avec un bruit de
[tonnerre.

LES HÉROS DES TROIS ROYAUMES

Lu'u Bi avait établi son camp à Tiên Bai ;
   Il avait peu de troupes
Et ses officiers étaient peu exercés.
Ki Linh survient avec mille soldats,
L'attaque, le poursuit et détruit son camp.
La Phu Công voulut les réconcilier
Et pour cela il les attaqua tous les deux ;
Il fit avancer son armée en deux colonnes,
Enveloppa les deux partis, fit bander les
   [arcs,
Et soudain les flèches tombèrent
Comme une pluie d'étoiles filantes.
Les deux troupes ennemies s'avouèrent
   [vaincues.
La Phu Công réunit la main de Lu'u Bi
A celle de Ki Linh et il les réconcilia.
On les appela les héros des trois Royaumes.

GLOIRE AUX GUERRIERS

Chant lyrique.

I

C'est pendant la rage de l'ouragan
Que l'on reconnaît la puissance des racines
 [d'un arbre.
Si vous considérez d'un côté la montagne de
 [Tây,
Et de l'autre un paquet de duvet d'oiseau,
Vous aurez conscience de la pesanteur et de
 [la masse.

Ceux qui exposent leur vie pour défendre le
 [pays
Ont le plus grand mérite, le roi les récom-
 [pense.
Les bienfaits du roi sont vastes comme la
 [mer;
C'est pourquoi les guerriers combattent jusqu'à la mort,

Et que leur âme a la fermeté de la pierre et
 [du fer.

Quand un guerrier succombe dans la bataille,
On construit un temple à sa mémoire.
Le souvenir de celui qui meurt pour son roi
Est impérissable parce qu'il vit dans l'his-
 [toire.

Ce chant a été composé pour louer les héros.

II

Le Ciel est immense et pur,
La lune répand ses clartés,
Les bambous se balancent sous la brise,
L'air est frais et parfumé;
La famille est heureuse et joyeuse,

Les parents sont assis parmi les fleurs du
 [jardin
Buvant du thé, fredonnant des vers.
La maison est remplie d'un bruit de voix :
Ce sont les enfants qui étudient
Et le dernier né qui appelle sa nourrice.

Celui qui peut ainsi vivre en famille
A le bonheur parfait sur la terre ;
Les richesses et la gloire ne sont rien pour
 [lui.
Sa vie s'écoule doucement,
En songeant que ses enfants lui survivront.

III

La vie de l'homme n'est pas toujours calme,
  Le malheur visite souvent;
On prend les saisons comme elles viennent
On s'amuse quand le temps est beau.
Qui donc peut connaître l'avenir?

Ne cherchez pas à provoquer la chance,
  Le bonheur vient tout seul,
Quant au malheur il est inévitable.

IV

Tru'o'ng Lu'u Han était un prince du sang,
Etroitement lié à la famille Han
  Par la reconnaissance.
Quand la dynastie Han tomba dans le mal-
 [heur,

Tru'o'ng Lu'u Han combattit pour elle;
Aidé de Cao To il attaqua Hang Vu,
Mais n'ayant pu le vaincre il abandonna son
　[titre,
Ses richesses, sa famille et se fit religieux.
C'était un homme juste et sage.

V

Triêu Tu Long était un héros;
Jamais il ne connut la peur.
Son épée était longue de six pieds.
Il vainquit seul les troupes de Tao.
Monté sur un cheval fougueux,
Portant dans ses bras At-Dan
Qui cherchait le roi perdu dans la mêlée :
Attaqué en avant par Ha Hau Dôn,
Harcelé en arrière par Ha Hau An
Il sortit du combat sans une blessure.

Il fut vainqueur dans soixante-douze com-
　[bats,
Tua de sa main cinquante-deux chefs
　[ennemis
Et ne mourut que victime de la trahison.

STANCES
AUX ÉPOUSES FIDÈLES

I

Sous le dernier des Lê, un guerrier re-
[nommé
Fut tué en combattant pour défendre son roi.
Sa veuve ne voulut jamais quitter le deuil;
Pendant treize années elle pleura nuit et
[jour,
Et refusa d'écouter la voix des prétendants.
Quand la vieillesse eut blanchi ses cheveux,
Elle se retira dans un temple ou elle mourut.
Son mari avait été le modèle des sujets,
Elle voulut être le modèle des épouses.

II

Au bord du fleuve de At
Se trouve une petite pagode très fréquentée.
Elle est élevée en mémoire de la femme de
[Tru'o'ng;

Voici près de cent ans que cette femme est
   [morte,
Et son souvenir est toujours vif dans les
   [cœurs.
Quand son mari partit pour la guerre,
Elle resta seule pour soutenir ses beaux
   [parents.
Son mari fut tué dans un combat sanglant,
Elle continua son pieux devoir de belle fille
Et d'épouse fidèle, et instruisit elle-même
   [ses enfants.

La petite pagode du fleuve de At
S'élève comme une exhortation constante
A la pratique des vertus domestiques.

III

Sur le bord du Thuy Ngái
Se dresse une petite pagode blanche;
C'est un temple élevé à l'amour conjugal.
On y honore le souvenir d'une femme hé-
   [roïque.
Au temps déjà lointain des grandes guerres,
Elle suivit son époux dans les combats
Et tomba près de lui sur le champ de
   [bataille.

La pagode se reflète dans l'eau limpide,
L'encens qu'on y brûle parfume tout à
  l'entour,
Les bons esprits aiment à s'y réunir.
Cette femme si aimante et si dévouée,
Qui se fit tuer auprès de son époux,
Est un exemple donné à tous par le ciel.
Mandarins avides, infidèles au Roi,
Vous ne valez pas cette femme.

LA FIANCÉE DE L'ÉTUDIANT

Lorsqu'après votre départ je me retrouvai
  [seule sur le bord du fleuve où je vous
  [avais accompagné en chantant,
Et que je vis votre barque disparaitre dans
  [le lointain,
L'angoisse étreignit mon cœur et mes larmes
  [coulèrent.
J'appelle de tous mes vœux l'automne qui
  [doit vous ramener.
Je désire que les feuilles tombent rapidement,
Puisque la saison froide nous réunira de
  [nouveau,
Comme les étoiles Khien Ngu'u et Chu'c nu'.

Chaque année, au retour de l'automne,
Les corbeaux font un pont sur le fleuve
  [céleste Ngan Ha,
Et ces deux étoiles séparées pendant toute
  [l'année,
Peuvent aller l'une vers l'autre et se joindre.

Hélas, que ne pouvons nous faire de même !

L'Etat est en paix, le peuple est prospère,
Soyez rassuré sur le sort des vôtres ;
Obtenez d'être reçu avec honneur aux exa-
 [mens,
Votre fiancée vous accueillera joyeusement,

Vous souvenez-vous autrefois quand, au lever
 [de la lune,
Nous battions le tambour en jouant des cla-
 [quettes ?
Et quand nous allions dans la légère pirogue,
Pagayer le matin sur le bord du fleuve et le
 [soir sur le lac ?
Nous chantions de douces chansons, et nos
 [doigts faisaient vibrer les cordes du *dai*.

Depuis que j'ai vu votre barque disparaître
 [à l'horizon,
Je ne sais plus chanter, je ne sais plus pagayer
 [dans la pirogue,
Je ne sais plus que m'asseoir seule, triste et
 [sans rien dire.

CHANSON D'AMOUR

Qu'il est regrettable de voir de jolies fleurs
    S'épanouir dans la forêt;
Personne n'en peut respirer le parfum.
Qu'il est malheureux de voir une jolie femme
    Partager la natte d'un rustre ignorant;
Son esprit et sa grâce sont perdus pour tout
  [le monde.
En essuyant ses larmes elle essuie le ver-
  [millon de ses joues.

Il est tard, les flamboyants ferment leurs
  [feuilles,
Ils craignent la rosée et le froid de la nuit.
Dans le bosquet, la cigale remplit l'air de son
  [cri.
Sur un arbre un oiseau siffle, en modulant,
    Sa chanson comme un air de flûte;
    Mon âme est transportée de joie.

Vous êtes jolie comme une fleur de pêcher,
Fraîche comme la feuille tendre de l'hibiscus,

Ou le frêle bourgeon qui vient de rompre
[l'écorce.
Il est impossible de vous comparer une autre
[jeune fille.
Vous êtes la plus belle, voulez-vous vous
[unir à moi?

Chaque fois que vous allez à la pagode royale,
Je reste au bord du chemin pour vous voir
[passer.
J'emplis mon cœur de votre souvenir, et
[quand je vous ai vue,
Je m'en vais remportant votre image dans
[mes yeux.

Quand je vais m'asseoir sur le bord du Tai Ho,
    Le lac aux eaux fraîches,
Votre souvenir vient s'asseoir près de moi.
Je songe alors que tous sont égaux sur la terre,
Seule la jolie femme est supérieure aux au-
[tres femmes,
Seul le héros est supérieur aux autres hommes.

COUPLET SATIRIQUE

Sur les fonctionnaires annamites.

Ecoutez les plaintes des mandarins du Nord,
Ecoutez les plaintes des mandarins du Sud :
« Nous administrons le pays avec sagesse,
« Nous avons exterminé les ennemis du
 [royaume,
« Dispersé des bandes de rebelles
« Innombrables comme des bandes de four-
 [mis.
« Hélas! en serons-nous jamais récompensés?
« En servant le roi nous sommes devenus
 [pauvres.
« En vérité notre sort est digne de pitié. »

LA VIE JOYEUSE

Qu'est la vie d'un homme? Trente-six mille
[jours ;
Il est des fleurs qui s'épanouissent le matin
    Et qui le soir sont flétries,
   Ainsi passe la vie humaine.
    Qu'est-il besoin de prendre du souci?
    Pourquoi ne pas profiter de la vie
Seulement pour chanter, jouer et boire du
[vin de riz?

Qu'est donc sous le Ciel la montagne *Nam*
[*Son ?*
Quelle importance a la terre tout entière
[sous le ciel?
    Les choses créées ne sont rien.
   L'homme qui passe sa vie sans plaisirs,
    A quoi lui sert-il de vivre?
Attendra-t-il d'être mort pour jouir?

Les richesses, les honneurs, les hautes di-
[gnités,
    Ne sont rien sans le plaisir

Sur le fleuve Rouge éclairé par la lune,
    Laissons dériver notre jonque,
Et regardons passer les villages et les jardins.
Contemplons le firmament immense,
Les volées d'oiseaux sur les bords du fleuve.
Respirons la brise qui vient de la mer.
Nous voici loin déjà; voyez les jonques de
[Hanoi,
Pressées sur l'eau comme des feuilles d'arbre.
Laissons nous dériver en rêvant
Comme jadis Tô Dông Pha sur le fleuve Xich
[Bich.

Tous les hommes, riches comme pauvres,
Ne sont que des passagers sur la terre :
La vie humaine ne dure pas un siècle.
Qu'est un siècle ? La durée d'un jet de navette,
L'ombre que produirait sur le sol de la cham-
[bre
Un enfant qui passe en courant devant la
[porte !

Les anciens profitaient, pour se divertir,

Des longues et belles soirées d'automne.
Ils allumaient des torches, maniaient des pi-
 rogues,
Montaient sur des collines pour aspirer la
 brise,
Ou rêvaient étendus, à regarder la lune.
Suivez donc, jeunes garçons, l'exemple des
 anciens,
Chaque saison vous offre un plaisir différent,
Les loisirs sont précieux quand on sait en
 user.

Peu de mortels arrivent à soixante-dix ans.
De la jeunesse qui passe si vite,
A la vieillesse qui vient si tôt,
Combien jouissent de la vie
Et satisfont aux désirs du Ciel?
Les journées s'écoulent dans un rude labeur,
Les nuits se passent en sérieuses réflexions.
A quoi sert-il à l'homme d'être dans la nature
Le premier parmi les êtres s'il est le moins
 heureux?

Pendant les chaudes soirées de l'Eté,
Il n'est pas de plaisir comparable
A la promenade en jonque, sur le fleuve Duc;
Le moindre souffle d'air dissipe la mélancolie,

Les flots légers scintillent sous la lune,
La brise emporte des airs de flûte et de guitare,
Les collines élèvent jusqu'au ciel
Les masses épaisses des forêts :
Mille barres d'or ne peuvent payer un tel
   [plaisir,
Ni procurer une jouissance semblable.
Profitez, profitez-en, la vieillesse vient si vite !

Quel homme a donc vécu plus de 36,000 jours ?
Depuis l'époque où poussent les premières
   [dents,
Jusqu'au jour où la tête devient tout à fait
   [blanche,
La vie n'est qu'une alternative de joies et de
   [soucis.
En vérité que vaut donc la vie humaine !

– Le Ciel a réparti dans l'immense nature
Les fleuves, les montagnes, les oiseaux et les
   [fleurs ;
– Il a étendu comme un manteau sur la terre
L'herbe et les forêts profondes ;
Tout cela a été fait pour l'homme.
Chaque homme vit et meurt d'une façon dif-
   [férente,
Mais tous doivent se conduire d'une façon
   [unique,

Aimant la famille, honorant les aînés, obéis-
 [sant au roi.

Le temps passé, le temps présent, le temps
 [futur,
    Sont à peine saisissables :
Quand la barbe apparaît c'est l'adieu de la
 [jeunesse,
    Il est bon d'y songer toujours.

    Le Ciel a de secrets desseins;
Dans tout il veut le bonheur de l'homme.
  Mais avant de lui accorder tous ses désirs,
Il le soumet parfois à de pénibles épreuves.

    Il crée des héros et des gens de talent,
Pour honorer leur siècle et défendre leur pays.
Si vous reconnaissez en vous quelque valeur,
N'ayez nulle impatience, votre jour viendra
 [vite,
Apportant la noblesse, et la gloire et les biens.
Le dragon, le poisson ont la même origine,
Mais combien pour chacun la destinée
 diffère;
Le poisson ne peut vivre hors de son élément,
Mais qu'un léger nuage s'abaisse vers le sol,
Et l'on voit le dragon s'élancer dans les airs.

Que vous soyez jamais heureux ou malheu-
 [reux,
Contentez-vous toujours du sort qui vous est
 [fait.
Maudire et vous débattre quand vient un
 [mauvais jour
Ne sert qu'à augmenter votre peine.
Il faut savoir attendre, profiter de la chance,
Vivre sans efforts, agir sans artifices et mé-
 [priser les soucis.

Quelle douce et ravissante soirée !
Le soleil derrière les nuages
Embrase tout l'Occident empourpré.
Hérons et pélicans aux ailes alourdies
Traversent les rayons du soleil d'or qui tombe.
Une voix s'élève du milieu du lac,
C'est un vieillard qui chante en dirigeant sa
 [barque.
Les oiseaux rentrent à leur nid,
La brise fait frissonner la surface de l'eau,
Et la lune là-haut apparait déjà
Prête à éclairer la nuit qui va venir.
Que le lac est donc beau ! Que la montagne
 [est belle !!

L'ATTENTE

Assise seule, devant la porte,
J'essaye en chantant doucement
D'égayer un peu mon cœur.
L'oiseau n'a-t-il aucun souci
Qu'il chante à plein gosier du matin jusqu'au
 [soir?

Pourquoi n'est-il pas près de moi?
La beauté du ciel me rappelle son souvenir.
Comment pourrais-je être gaie,
Quand la joie est partout excepté dans mon
 [cœur.

Souvenez-vous du jour où tous les deux assis
Au bord du grand fleuve aux eaux rouges,
Nous nous disions nos projets, nos espoirs.
Nous jouissions de nous voir après si longue
 [attente,
De même Hang Nga quand elle revit son
 [époux.

Revenez vite auprès de moi.
Nous passerons notre vie dans la joie;
Au printemps nous irons respirer la brise,
A l'automne nous écouterons le bruit des ci-
   [gales,
Et l'hiver nous jouerons des airs de flûte
   Dans des tubes de bambou.

Depuis longtemps nous nous aimons
Pourquoi vivre ainsi tristes et séparés?
J'attends toujours votre venue
   Et vous, qu'attendez-vous?

PLAINTE AMOUREUSE

(Récitatif).

Nous vous écrivons cette lettre pour vous exprimer notre persistante affection et vous dire que tel est notre chagrin de ne plus vous voir, que nous ne savons plus ni tisser ni filer.

A la promenade, un soir, au bord du fleuve Thiên Tân, ne vous avons-nous pas offert trois coupes de vin?

A la maison de Nam Ngoc, un jour de brûlant soleil, ne vous avons-nous pas rafraîchi avec des grenades?

Sur le fleuve aux eaux profondes n'avons-nous pas, ensemble, pendant toute une nuit silencieuse, conduit notre pirogue sous les rayons de la lune?

N'avons-nous pas échangé l'éventail? n'avons-nous pas, la main dans la main, échangé notre serment d'amour?

N'avons-nous pas juré, alors, de ne plus nous quitter, d'où vient donc que vous ayez rompu votre serment ?

Nous vous envoyons cette lettre par un jeune garçon agile, songez que l'étoile Khièn Ngu'u trouve chaque année le moyen de visiter son amie l'étoile Chuc Nu'.

MÊME ARGUMENT

Nous prenons le pinceau pour écrire à notre ami l'état de notre cœur.

Pendant toute la nuit, pensive et agitée, nous avons cherché des phrases; mais quelles phrases peuvent exprimer ce que nous éprouvons?

Voici la lettre écrite, et elle reste devant nous, sans que nous puissions nous décider à la plier et à la sceller.

Quand nous voyons se refléter notre image dans le miroir, nous trouvons que tous les charmes de notre jeunesse sont épanouis, et nous nous alarmons, un peu honteuse de voir que notre sort n'est pas encore fixé.

L'année est faite de douze mois, attendre un an est un très long temps, songez-y, aimable fiancé.

A l'époque de la réunion des étoiles Khiên Ngu'u et Chúc Nu', notre tristesse augmente.

Pendant les nuits d'automne, assise sous l'auvent, au dehors de la porte, nous écoutons les bruits de la nuit et notre imagination nous transporte près de vous, dans la ville royale.

Nous regardons la lune brillante, nous songeons que l'hiver approche et que peut-être vous n'avez pas de vêtements contre le froid.

Les bambous s'agitent sous la brise, notre cœur s'agite sous les tristes pensées. Que faut-il faire pour dissiper le chagrin et ramener la joie, nous ne savons plus chanter.

LES POÈTES LU'U THAN ET NGUYEN CHIÊU.

(Récitatif).

Lu'u Than et Nguyen Chiêu contractèrent jadis l'un pour l'autre une amitié indissoluble; ils n'étaient ni religieux du bouddha, ni philosophes de Confucius.

Leur ambition ne visait point aux charges administratives, ils étaient heureux quand ils avaient fait de beaux vers sur le vent ou la lune, et qu'ils s'étaient rassasiés de bons fruits.

Un jour ils ouvrirent devant eux un recueil de leurs vers et se mirent à chanter; les animaux de la forêt s'approchèrent pour les écouter.

Un autre jour qu'ils faisaient cuire leur pain, les oiseaux de mer accoururent et activèrent le feu du battement de leurs ailes.

Ces deux sages renoncèrent à la société

des hommes, et on les vit ne plus se soucier des occupations matérielles de la vie comme s'ils étaient devenus immortels.

Le 5e jour du 5e mois, jour de la fête de Doan Duong, ils se prirent par la main et commencèrent l'ascension de la montagne Thiên Thai. Ils s'égarèrent et se nourrirent de fruits sauvages.

Puis, ils contemplèrent la montagne couverte de beaux arbres : le ciel était d'or, les nuages d'argent. On entendait au loin le chant du coq; une pâle image de la lune se levait derrière l'horizon, c'était un spectacle grandiose et calme.

Soudain, deux fées sortirent de la montagne et, après avoir salué les deux poètes, les prirent par la main et les conduisirent en chantant dans la profondeur de la forêt; leurs pieds ne touchaient pas la terre. On ne les revit plus, mais souvent aux abords de la montagne mystérieuse, on entend des voix célestes chanter les poésies de Lu'u Than et de Nguyen Chiêu.

Chantons ces choses extraordinaires,
Que le luth nous accompagne.
Le firmament est immense,

La lune répand sa douce lumière,
Les quatre plages du monde sont en paix,
Nous n'avons ni rebelles ni ennemis.
Le peuple est riche et confiant,
Il n'y a ni pauvres ni voleurs,
Les portes des maisons restent toujours ou-
 [vertes.
Les étudiants se préparent aux examens.
  Le laboureur dans la rizière,
  Dirige son buffle en chantant.

排步

PASSES CHORÉGRAPHIQUES
(Dessin annamite).

LE CHANT DE MA-HUÉ

Quand son mari partit pour la guerre,
La vertueuse Ma-Hué le suivit et chanta.
« Vous obéissez aux ordres du roi.
« En fidèle sujet, sans amertume,
« Vous allez à la frontière lointaine
« Pour combattre l'ennemi du royaume.
« Je vous accompagnerai sans pleurer
« Jusqu'au village de Ha Kiêu,
« Malgré ma peine mortelle,
« La plus haute vertu dans ce monde,
« N'est-elle pas l'accomplissement du devoir?
« Mais quand je vous aurai vu disparaître,
« Au loin, derrière les arbres de l'horizon,
« Me souvenant de notre maison si calme,
« De notre amour si grand,
« Comment pourrai-je retenir mes sanglots?
« Savons-nous si jamais nous nous réunirons
  [ensemble!
« O ciel! que ne suis-je la lune brillante

« Pour éclairer vos pas pendant la nuit !
« Que ne suis-je pendant le jour le nuage
[léger
« Pour abriter votre tête contre le soleil !
« Que n'ai-je des ailes d'oiseau
« Pour vous secourir promptement à l'heure
[du danger ! »

BA DI ET THUC TÊ

Ba Di et Thúc Tê étaient deux sages
Sans ambition, mais d'un courage éprouvé.
Quand le roi Vu Vuong voulut faire
La guerre au roi Tru Vu.
Ils blâmèrent le roi et pour le retenir,
S'attachèrent en vain aux roues de son char.
Le cœur plein de tristesse ils quittèrent le
 [monde
Et se retirèrent sur la montagne Thu Dông
Ou ils se laissèrent mourir de faim et de
 [douleur.
Ce furent les deux plus sages sujets de leur
 [temps.
Leur renommée est encore immense après
 [de longs siècles.

NOCTURNE

Il est nuit, nuit profonde
L'étoile du nord brille au Ciel,
La brume couvre le fond des rizières;
Les bosquets de bambous s'agitent,
Ils sont remplis du cri des cigales;
Les veilleurs de nuit frappent sur le *Mo*[1],
Les bonzes font résonner les cloches des pa-
  [godes,
On entend les paysans se réjouir,
On chante dans toutes les chaumières,
      C'est la paix.

Il est nuit, nuit profonde.
Assis l'un près de l'autre,
Nous causons doucement.
Que la vie est donc belle !

1. Le *Mo* est une pièce de bois évidée sur laquelle on frappe, elle rend un son mat qui s'entend de très loin.

Voyez vous sur la montagne
La lune rouge se lever?
On dirait du feu dans les arbres,
Les grands arbres drus et beaux.
Là-bas c'est l'étoile du Nord;
Elle scintille comme une luciole.
Le vent léger rafraîchit le visage
Et nous apporte le bruit des tamtams;
Restons ainsi toute la nuit.
La pierre dure peut s'user,
Mais notre amour comment pourrait-il dis-
   [paraître?

PLAINTES D'UNE JEUNE FILLE

La jeunesse est fugitive,
La vieillesse vient bien vite !
Mon sort n'est pas encore fixé,
Je suis belle et ne suis regardée par personne ;
Mon espoir est comme la lentille d'eau
Qui monte et qui descend au gré de la marée.
J'implore le Ciel d'avoir pitié de moi
Et de m'envoyer un époux accompli.

Lorsque troublée, rouge de confusion,
Je me tenais sous l'oranger du jardin
M'informant de Nguyên Luo,
J'espérais que ma bonne mine serait remar-
    [quée
Et qu'il me demanderait en mariage.

Pendant la nuit dernière, l'orage grondait,
Les éclairs sillonnaient la mer,
La pluie inondait la montagne ;

J'ai cru voir une ombre triste au milieu des
    [ténèbres,
N'est-ce pas lui qui vient, lui, l'époux que
    [j'appelle?

Après l'orage, la lune apparaissant,
Mélangeait sa lumière à celle de ma lampe,
La même vision semblait flotter sur la mer;
Son visage avait l'éclat de la pierre précieuse.

L'hiver approche, il dépouille les arbres,
Les feuilles se dessèchent et tombent sur la
    [terre,
Elles volent çà et là comme des oiseaux
    [blessés.
L'eau du lac de l'Est est limpide et calme,
Limpide et profonde, elle brille comme un
    [miroir,
Mais son éclat n'approche pas encore
De celui de mes cheveux noirs et luisants,
Bien peignés et lissés sur mon front.

L'ABANDONNÉE

Pendant la longue nuit,
Les feuilles des bambous s'agitent sous la
  [brise,
Les corbeaux veillent et croassent,
Les nuages courent dans le ciel,
La lune les éclaire faiblement;
Les oiseaux de mer volent sur la plage
Cherchant à retrouver leur nid,
Les étoiles brillent çà et là.
C'est l'heure des ressouvenirs,
C'est l'heure des tristesses.

Pourquoi donc avez-vous oublié vos serments?
Est-il un sort plus triste que mon triste sort?
Je suis comme la fleur piquée par l'abeille,
Ou dont le papillon a dérobé l'arome.
Ce qui cause le plaisir d'autrui,
Ne fait qu'augmenter ma peine.

Qui donc m'apportant son amour,

Me sauvera du désespoir ?
Sur le rivage de la mer,
Le poisson laissé par le flot
Mourrait vite si le flot ne venait le reprendre.
Je suis comme un poisson rejeté sur le sable.

———

LE JARDIN DES BAMBOUS

Ma case est entourée de touffes de bambous,
L'intérieur est rempli de vieux livres.
Quelle joie de s'y reposer à la fraîcheur de
 [l'ombre !
Quel repos d'y lire les œuvres des sages !

Je me souviens d'un joli pêcheur,
Qui aimait à jouer du *dan* tous les soirs.
Dans le jour monté sur son sanpan,
Il parcourait le lac et le fleuve,
Et tendait ses filets en chantant.

Je suis fille et je suis seule,
J'écris des lettres et ne puis les donner à
 [personne ;
Mon cœur est plein des choses les plus douces,
Je ne puis les dire qu'aux bambous du jardin.
Je me tiens tout le jour derrière la natte de
 [la porte,

Regardant au dehors l'ombre des gens qui
　　[passent.

Un beau garçon jadis promit de m'épouser,
Mais il partit, me laissant seule
Comme un sanpan au milieu du fleuve,
Désemparé et sans rameur.

Je vois autour de moi les fleurs de cinq cou-
　　[leurs,
S'épanouir et jeter leur parfum à la brise,
Les palais des grands sont brillants,
Les montagnes sont couvertes de verdure,
La nature entière est parée et joyeuse,
Mais cela ne durera pas toujours.
Viendra le temps d'hiver, le temps du mal-
　　[heur,
Les fleurs seront flétries, les palais ruinés,
Les montagnes dénudées et tout deviendra
　　[triste.
La joie et la beauté sont de courte durée,
La jeunesse n'est pas éternelle.

UNE CHANTEUSE
(Dessin annamite).

LES TRENTE-SIX RUES DE HANOI

Ronde populaire.

———

C'est jour de fête au temple du Quan Thu'o'ng,
J'entre pour admirer le palais du Génie
    Voir la cloche et le gong.
Puis je vais au camp des sapèques,
Et je songe au savant architecte,
Qui bâtit d'un côté la Concession,
Et de l'autre les maisons du lac.

Dans la ville de Hanoï on compte trente-six
    [rues,
On m'a dit, belle petite amie,
Que votre demeure était *rue de la Voile*.
J'y cours et je ne vous vois pas.
On me dit alors d'aller dans la *rue Droite*.
Ne vous y trouvant pas je vais *rue des Cou-*
    [*teaux*,

Hélas vous n'êtes pas dans la *rue des Cou-*
[*teaux !*
Je traverse en courant la *rue des Argentiers*,
Et vais m'enquérir dans la *rue du Poivre.*
On m'envoie dans la *rue de la Ramie,*
Puis dans la *rue des Cordonniers,*
Et dans la *rue du Vermillon.*
Je ne vous ai pas vue dans la *rue du Vermillon.*
Peut-être êtes-vous dans la *rue des Sculpteurs,*
Ou dans la *rue des Incrusteurs.*
Je traverse le temple du Quan Thu'o'ng,
Je regarde en passant dans la *rue du Radeau,*
Et je vais, par la *rue des Changeurs,*
Dans celles *des Bambous* et *des Allume-feux.*
Je parcours la *rue de la Saumure,*
Je vois la porte Quan Chuông,
Le pont de l'Est près de la *rue du Sucre.*
Voici là-bas la *rue du Phuc Kien,*
Et plus loin la *rue des Herses.*
Je m'informe dans la *rue du Cuivre,*
Près le temple de Thai Cam,
On ne vous y connaît pas, je vais *rue des*
[*Billots,*
Et *rue des Attaches de moustiquaires.*
Voici la *rue des Oies,* la *rue des Canards,*
La *rue des Poules sultanes,* la *rue de la Vo-*
[*laille.*

Hélas, je vous demande à tous les carrefours!
Me voici dans la *rue des Chapeaux,*
Puis dans la *rue des Crins de cheval,*
Dans la *rue du Cuir,* dans la *rue des Sandales.*
Je reviens sur mes pas par la *rue des Paniers,*
La *rue des Objets votifs* et la *rue des Rotins.*
Hier c'était le neuvième jour,
Aujourd'hui, c'est le dixième de mes recher-
 [ches.
Votre souvenir m'obsède sans cesse.
La nuit, je vous poursuis dans mes rêves,
Et le matin je recommence ma course.
Me voici dans la *rue des Nasses.*
Devant le temple de Tê Xuân
J'aperçois le temple de Câm Chi
Au milieu de la *rue des Feuilles de papier.*
J'arrive près de la citadelle
Derrière le temple de la Littérature;
Quelqu'un me dit que vous êtes au Pont de
 [Papier,
J'y cours, plein de joie avec mon ami Thuân,
Nous franchissons les collines, traversons les
 [ruisseaux,
Parcourons la préfecture de Câm Khê;
Nous remontons jusqu'au bac de Phung.
Les gens nous regardent avec curiosité.
Où donc courez-vous avec tant d'empresse-
 [ment?

Nous cherchons une jolie fille.
Hélas! voilà que le chemin est coupé par le
 [fleuve;
Il nous faut tristement revenir à la maison.

排花

LA DANSE DES FLEURS
(Dessin annamite).

COUPLETS POPULAIRES

Ma mère, je crois que je suis grosse,
Ma fille, je suis enceinte de deux mois.
Ma mère je crains d'accoucher aujourd'hui,
Ma fille je vais accoucher à l'instant même.

Les filles aiment les piastres
   A figure d'oiseau,
Elles quittent leurs parents
Pour suivre les français.

Oh! jeune fille qui portez
Le couvre sein à collet rond,
Venez avec moi, je vous marierai
A un Français bien gras.

Eh quoi, vous n'avez pas pour vous voulu
 [d'époux,
Et vous êtes jalouse du ménage des autres?
Belle dame au couvre sein rouge,
Que ne laissez-vous mon mari
Et ne vous contentez du vôtre?
C'est que votre époux est habile,
Et que le mien ne sait rien faire
Que dormir sans cesse dans la cuisine.

Par avidité des grandeurs,
Vous épousez un employé de la douane,
Vous voici femme de fonctionnaire;
Mais votre mari a de nombreuses dettes.
Combien il eût mieux valu pour vous, ô ma
 [sœur,
Epouser un aveugle mendiant,
L'aveugle n'a jamais de dettes
Et de plus il est gai, il chante tout le jour.

La pluie tombe à torrents dans la cour,
Il vaut mieux que j'épouse un vieillard;
Le vieillard est riche et ne peut vivre long-
 [temps,

Je choisirai plus tard quelque jeune garçon.

✣

La lune est couchée, mais l'étoile se lève ;
    Ton mari est sorti
    Et moi j'arrive.

✣

Je me suis teint les dents pour chercher un mari ;
Et moi je cherche une jolie femme.
Voulez-vous m'épouser, nous ferons la fête
Au village de Mô Lao ?
Quand le bananier aura des branches,
Quand l'arbre Sung aura des fruits
    Et l'oignon des fleurs ;
Quand l'anguille fera son nid sur les arbres,
Et que la tourterelle pondra dans l'eau,
Alors je pourrai vous prendre pour mari.

✣

Ne croyez pas que l'encre soit toujours noire,
La chaux toujours blanche, l'alun toujours
    [acide.

Une même cloche à la fois ne peut sonner
 [dans deux pagodes.
Lang Son ne peut avoir deux gouverneurs.
Je vous ai rencontrée et vous ai trouvée belle;
Vous paraissez douce et dévouée,
Les autres villages ne manquent pas de jeu-
 [nes filles,
Mais laquelle pourrait vous être comparée.
Voulez-vous que je vous demande à vos pa-
 [rents?

COUPLETS SATIRIQUES
CONTRE LES BONZES

Trois filles ont apporté du riz à la pagode.
Celle d'entre elles qui porte un couvre sein
    [rouge
A ensorcelé le bonze.
Et voilà le bonze malade d'amour;
Il s'embrouille dans ses prières
Et oublie de se faire raser la tête.

Qui aime le pain de haricots,
Qui aime la saumure de Chine
Peut en manger tout à son aise;
Il n'a qu'à aiguiser le rasoir et les ciseaux
Et se faire une tête de bonze.

En entrant dans la pagode j'aperçois les
    [bonzesses.

La plus jeune a treize ans,
La plus grande en a quatorze et la plus âgée
   [quinze.
Le quinzième jour de chaque mois,
Je viendrai désormais adorer le Bouddha
Et visiter la vieille bonzesse.
C'est aujourd'hui le quatorzième jour,
J'attendrai le quinzième en couchant près
   [des bonzes,
Et en mangeant du pain *Oan*[1].

1. Le pain *Oan* est une sorte de galette de riz gluant.

LE JEUNE BONZE

Namo le pays du Nord et le pays de l'Est,
Toutes les jeunes filles tournent autour de
 [moi.
Je me régale en cachette de viande de chien.
Et pour faire grimacer les gens qui vont pieds
 [nus
Sous la boue du sentier je cache des épines.

Namo le saint Bouddha Ry Da,
La pioche est oubliée dans la maison déserte;
Namo le saint bouddha Tu' Bi,
La pioche est démanchée, la voici dans mon
 [sac.

CHANTS
CONTRE LES FRANÇAIS

La populace annamite, nos boys, nos cuisiniers, les coolies, chantent ou fredonnent à tout propos, dans les rues et même en notre présence, quand ils sont certains, toutefois, de n'être pas compris, des couplets dans lesquels les Français sont conspués ou tout au moins ridiculisés. Ces couplets, mal écrits et souvent obscènes n'ont, la plupart du temps, aucun caractère original et ne valent pas la peine d'être recueillis et traduits. Cependant à côté de cette littérature grossière, nous avons remarqué d'autres pièces d'un ordre plus relevé, de véritables poèmes dans lesquels, à la vérité, les Français ne sont guère plus ménagés, mais qui révèlent chez les annamites un sentiment patriotique qu'il est important de ne pas méconnaître parce qu'il est exploité contre nous par les lettrés.

Ces pièces sont toutes relatives aux événements de 1873; la plus remarquable est consacrée à la gloire de Hoàng Ru'o'u, le gouverneur de Hanoï qui, n'ayant pu empêcher la ville de tomber entre nos mains, ne voulut pas survivre à ce malheur et se tua.

Un détail que l'on ignore, c'est que ce fidèle fonctionnaire, par un raffinement de patriotisme, choisit pour se tuer, un endroit historique.

Près la porte du Nord, dans la citadelle de Hanoï, se trouve un tumulus assez élevé, de forme allongée, dont la partie supérieure forme terrasse et qui se relève, à une extrémité en une sorte de cône escarpé; c'est sur ce tumulus, qui s'appelle la montagne de Tam (Tam So'n) que fut construit, lors de la fondation de Hanoï, le premier palais impérial. Ce tumulus sert aujourd'hui, dans la citadelle, de dépôt d'ordures, les latrines du génie y sont adossées.

Au moment de la conquête, un édicule, élevé au sommet du cône, abritait encore la stèle commémorative de la construction du palais; tout a malheureusement disparu, les fondations, seules, sont encore visibles au milieu des broussailles.

C'est aux branches d'un des arbres qui

ont, depuis des siècles, envahi le tumulus, que Hoàng Ru'o'u se pendit après la prise de la citadelle.

Les habitants de Hanoï lui ont élevé, près de Sinh-Tu', un temple dans lequel sa mémoire est l'objet d'un véritable culte.

———

LA MORT HÉROIQUE
DE HOANG RU'O'U

C'est un souffle d'air pur qui a formé les corps;
Et tout ce qui existe au ciel et sur la terre,
Le soleil, les étoiles, les montagnes, les
 [fleuves,
Les hommes et les choses, tout à la même
 [origine.
Dans le temps de malheur le héros se révèle,
Que le sort des combats lui soit ou non propice
La gloire lui survit, elle est impérissable.

Le plus fidèle serviteur du royaume
Fut l'illustre *Tong Doc* de Hanoï et Ninh Binh,
Qui pendant plus de trois années eut à résou-
 [dre.
Les questions politiques les plus délicates.
Il avait autrefois combattu les français,

Et bien qu'en apparence il fût devenu leur ami,
Il n'avait qu'un désir, recommencer la lutte.

Le 8e jour du 3e mois de l'année Nhan-Ngo,
Sur le déclin de l'heure Thin,
Il prit ses dispositions de combat.
Cent soldats aguerris et mille mercenaires
Se placèrent à sa voix sur les murs de la ville.
Et pour stimuler le courage de tous,
Il fit distribuer des tasses de vin de riz.

Les mandarins civils et les officiers rassem-
 [blés,
Jurent de lui obéir et de défendre la citadelle;
Lui, les exhorte et sa voix se fait encore en-
 [tendre,
Que déjà le canon gronde sur le fleuve.
Les mandarins aussitôt entrent en fureur
Et regardent s'avancer cette bande de chiens
 [et de chèvres [1],
De quatre côtés le feu des fusils éclate.
Il faut mettre en fuite les âmes de ces diables
 [blancs.

---

1. Allusion à ce passage d'une proclamation de Tu Duc disant que « les Français aboient comme des chiens mais se sauvent comme des chèvres ».

Beaucoup d'entre eux tombent sous nos
 [coups,
Et les habitants de la ville applaudissent à
 [ce spectacle,
Nos officiers et nos soldats sont pleins d'ar-
 [deur,
Et résistent vaillamment aux portes de l'Est
 [et du Nord.
« Allons, courage, et maudits soient les fran-
 [çais !
Qu'ils soient exterminés jusqu'au dernier ».
Hélas ! nos imprécations sont vaines,
Notre vaillance devait nous assurer la victoire,
Mais la ruse des ennemis les fait triompher
 [de nous.

Ils lancent des projectiles sur la poudrière
 [qui s'enflamme,
Et le porte étentard, épouvanté, prend la fuite.
Officiers et soldats courent en désordre de
 [tous côtés,
En voyant les diables étrangers escalader les
 [murailles.
Qui se montra alors fort et courageux ?
Qui se précipita pour ranimer l'ardeur des
 [soldats ?
Qui garda seul son serment de fidélité ?

Qui se souvint qu'il avait juré sur sa tête,
De défendre la citadelle du roi?

O douloureuse tempête, ô pluie froide et
 [triste!
Qui vint abattre les cœurs et désespérer les
 [âmes!
Ciel haut, mer large, terre épaisse,
Et vous montagne Nung et fleuve Nhi
Vous fûtes témoin de son héroïque sacrifice,
O jour néfaste, ô souvenir douloureux!
Est-il quelqu'un qui vous évoque sans frémir?

On recherchait partout le héros vaincu,
On le trouva pendu aux branches d'un arbre,
Son corps fut recueilli et chacun donna son
 [obole,
Pour l'inhumer pieusement dans la maison
 [d'école.

Depuis l'année Raû jusqu'à ce jour,
A peine s'est-il écoulé dix ans,
Et notre ville a été prise deux fois,
La citadelle est dévastée, les fleurs ont
 [disparu,
Le trésor est vide, les mandarins sont dis-
 [persés.

Pendant cette longue période de malheurs,
Combien a-t-on compté de serviteurs fidèles ?
Combien parmi les hauts fonctionnaires,
Ont donné leur vie pour le roi ?
Deux seulement, le premier c'est Nguyen
 [Tri Phu'o'ng ;

Le second, c'est le gouverneur Hoang Ru'o'u.
Quant à tous les autres officiers et fonction-
 [naires,
Ceux-là qui, dans le temps de calme et de
 [paix publique,
Revêtus de somptueux uniformes et d'habits
 [de cour,
N'avaient eu d'autre souci que d'opprimer le
 [peuple,
Et d'assouvir leur soif de richesses et d'hon-
 [neurs.
Nous les avons vus à l'heure du danger,
Les yeux troublés et les pieds tremblants.

Tel le commandant en chef Lê Trinh,
Et ses officiers supérieurs qui, au fort du
 [combat,
Donnèrent aux soldats l'exemple de la fuite,
Que n'ont-ils pas mérité pour avoir préféré,
La vie honteuse à la mort héroïque.

Et vous *tuân phu* Binh Chi, vieillard lâche,
Est-il pour vous assez de mépris?
Malgré vos cinquante ans, malgré les bienfaits
 [sans nombre,
Que vous aviez reçus du roi,
Malgré votre serment de combattre jusqu'à
 [la mort,
Vous fûtes le premier à fuir.

Pourquoi donc êtes-vous revenu parmi nous?
Que faites-vous ici, qu'espérez-vous encore?
Attendez-vous l'heure de la revanche?
Voulez-vous de nouveau combattre les fran-
 [çais?
Qui vous retient ici, est-ce la vue des jolies
 [filles?
Ou votre affection pour votre vieille mère?

Souvent, depuis ce jour, le remords troublant
 [votre cœur,
Vous avez résolu de vous laisser mourir de
 [faim;
Mais votre gourmandise n'a jamais pu résister,
A la vue d'aliments savoureux.
Comment le contact des hommes fidèles,
Ne vous fait-il pas mourir de honte?

Et cet autre chef de la justice, nommé Ba,
Grand mandarin et prince de sang royal,
Comment put-il voir la ville de ses ancêtres,
La vieille cité de Thang Long tomber aux
 [mains des étrangers ?

Et le *quan bo*, âgé de 70 ans,
Qu'attendait-il du peu qui lui restait à vivre,
Pour le soustraire aussi lâchement au devoir,
Et fuir du fleuve Rouge aux forêts du Tan Vien !

Quant aux petits fonctionnaires infidèles,
Le nombre en est incalculable,
Mais le souvenir de leur honte restera dans
 [l'histoire.

LES LAMENTATIONS DES FEMMES

De sinistres présages s'étaient manifestés:
La comète, le tremblement de terre, le nuage muraille;
Les peuples étaient dans l'anxiété la plus grande,
Et s'attendaient à toutes les calamités.
Un jour des étrangers envahirent le royaume,
Malgré les efforts de nos mandarins.
L'épouvante se répand jusque dans les chaumières,
On imagine des stratagèmes inutiles, hélas!
Les efforts même de Tu Duc sont impuissants;
Il construit une barricade sur le fleuve Rouge,
Mais ces français maudits sont des diables sorciers;
Voici le vaisseau de feu, voici les canons,
La barricade est anéantie et s'effondre sous les eaux.

Les femmes, les vieillards sont muets de
 [terreur;
On voit des parents abandonner leurs enfants,
Des serviteurs fuir la maison du maître.
Qui nous vaut donc, ô ciel, cet excès de
 [malheur?
Par qui nos maisons seront-elles gardées?
Les foyers sont éteints, les biens anéantis,
Chacun ne peut songer qu'à sa propre sau-
 [vegarde.
Les poissons de la mer se réfugient dans les
 [ruisseaux,
Les habitants de la capitale se réfugient dans
 [les villages.
Vêtus d'habits en lambeaux, comme des
 [mendiants,
Ils se cachent, espérant que plus tard,
Il leur sera permis de reparaître à la ville.
Les soldats français ont des mœurs mauvaises,
Ils ne songent nuit et jour qu'à poursuivre
 [les femmes.
Le 8 du 3ᵉ mois, la citadelle est prise;
Et devant cette honte et dans son désespoir,
Le gouverneur se tue près du temple royal.
Confiant dans la bravoure et la valeur des
 [nôtres,
Il comptait sur la victoire et non sur un dé-
 [sastre.

L'ennemi pénétra par la porte de l'Ouest.
Pillant les magasins et les greniers du roi.
Généraux, officiers, guerriers, porte-éten-
 [dards,
Qu'avez-vous fait de votre courage?
On vous vit lâchement vous enfuir sans
 [combattre;
Les dents serrées, l'âme prête à s'envoler de
 [terreur,
Comme des poules chassées par une meute
 [de chiens.
Tellement affolés, tellement éperdus,
Que vous abandonnâtes, pour vous enfuir
 [plus vite,
Vos sabres, vos fusils et jusqu'à vos chapeaux!
Vous avez mérité d'être accusés devant le
 [trône!
Oserez-vous jamais monter de nouveau en
 [palanquin?
Branlant la tête et la langue pendante,
Les mandarins civils disaient « tout est perdu,
Il nous faut réclamer l'aide des drapeaux
 [noirs »!
Les français ont pillé le trésor provincial,
Et jeté dans le fleuve le Génie *Bà Chua*.
Ha-Noï et Son-Tay sont aux mains des vain-
 [queurs,

Il ne nous reste plus d'espoir qu'en Bac Ninh,
Efforcez-vous, soldats, de nous la conserver.
Que deviendrions-nous, si vous la laissiez [prendre?
Résistez, combattez jusqu'à la mort,
Et coupez toutes les têtes blondes.
Malheur! Bac Ninh d'abord vaillamment dé- [fendu,
Vient de succomber par la faute des Chinois.
Honte sur nous! Voici les filles de l'Annam
Qui quittent la chaumière pour suivre les [français!
Comme des chiennes, comme des bêtes [immondes,
Dans l'espoir de manger tout leur saoul sans [rien faire!
Lorsqu'elles sont repues, insouciantes elles [jouent,
Puis elles vendent leur corps par amour pour [les piastres.
Honte, honte sur nous! elles disent qu'après [la guerre,
Elles reviendront vivre parmi nous au village!

L'ANNÉE *QUI RAU* (1873).

De sinistres présages ont apparu dans le Ciel,
Les savants en ont donné la triste explication.
Ce que le ciel décide ne saurait être évité,
Les Français deviendront les maitres de l'Annam.
Depuis longtemps déjà ils ont la Cochinchine,
Ils convoitent maintenant le reste du royaume.
Souvenez-vous toujours de l'année Qui Rau,
On vit les bateaux français s'avancer dans le fleuve,
Et y stationner jusqu'à l'hiver.
En moins d'une heure ils s'emparèrent de la [citadelle;
Les mandarins fuyaient de tous côtés,
Seul Nguyen ne voulut pas fuir,
Et attendit, impassible, le sort que lui en[voyait le Ciel [1].

[1]. Nguyen-Tri-Phu'o'ng, ancien adversaire des français à Saïgon, envoyé par le roi à Hanoï pour organiser la résistance. Il resta dans la citadelle, fut blessé d'un coup de feu à la jambe; fait prisonnier il se laissa mourir de faim.

Un autre héros, depuis longtemps renommé,
Est également vaincu par les français,
C'est le valeureux Lu'u-vinh-Phuoé.
Ses officiers avaient fortifié le pont de Canh [1]
Et massé les troupes de drapeaux noirs,
Autour de la pagode Thu'o'ng An,
Et dans les villages environnants.
Le combat s'engagea sur le grand chemin,
Les obus des français éclataient avec fracas,
Au milieu des drapeaux noirs abrités dans
  [Phu Hoai.
Les armes des Français sont redoutables,
Un coup de leurs fusils tue vingt de nos soldats;
Mais soudain le combat tourne à notre
  [avantage,
Les drapeaux Noirs ont tué le capitaine
  [ennemi [2],
Les soldats sont en fuite, ils vont abandon-
  [ner la ville
Et le roi leur propose une paix qu'ils acceptent.
Mais voilà que les lettrés, turbulents se
  réunissent,
Et dévastent les villages des chrétiens;
Brûlant les maisons, tuant les gens qu'ils
  [accusent

1. Au delà de Phu Hoai, sur la route de Sontay.
2. Francis Garnier.

D'avoir attiré les français dans le pays.
Le roi dut mettre un terme à cette nouvelle
 [guerre,
En envoyant contre les lettrés ses meilleurs
 [officiers.
Puis il fit proclamer dans tout le royaume,
Qu'il reconnaissait les chétiens pour de bons
 [et fidèles sujets.

LES FRANÇAIS

Jadis nous étions nos maîtres,
Aujourd'hui les Français sont venus parmi nous.
Le ciel est bas, la terre est haute,
Annamites et Chinois sont soumis aux gens de l'Ouest,
Qui donc reconnaîtrait le vieux pays d'Annam ?
Les buissons ont fait place à de riches maisons ;
Ceux qui n'avaient pas de culotte ont aujourd'hui des souliers.
Mais jamais on ne vit de si honteuses choses :
Les filles publiques sont devenues de grandes dames,
Les vauriens sont tout puissants,
Les vieilles femmes sont craintives.
Jadis le roi régnait sur le royaume entier,

Aujourd'hui le Tonkin est séparé de l'Annam.
Les savants sont partout délaissés ou pour-
　[suivis,
Les ignorants et les traitres ont tous les em-
　[plois.
Les enfants des gueux et des paysans
Sont *boys* et cuisiniers, revêtent de riches
　[habits,
Et se donnent des airs de fils de mandarins.
Les fidèles serviteurs du roi
Se tiennent tristement à l'écart sous leur
　[chaume ;
Les mandarins infidèles et les flatteurs
Emploient tous les moyens pour s'enrichir,
Obtenir des emplois, des grades, des hon-
　[neurs ;
C'est là leur seul souci et leur seule ambi-
　[tion.
Quand donc notre pays retrouvera-t-il le
　[calme !

———

Il ne faudrait pas croire, d'après les quelques pièces qui précèdent, que le peuple
Annamite déteste les français. Ces poésies

sont l'œuvre des lettrés, nos ennemis; ils s'efforcent, comme nous l'avons dit plus haut, en exaltant le sentiment patriotique de l'annamite, de profiter de nos fautes et de nos imprudences qui, les unes comme les autres, proviennent de l'ignorance dans laquelle nous sommes de l'histoire et des mœurs du pays, pour nous discréditer et nous rendre impopulaires.

Les lettrés se sont vus, à notre arrivée, dépossédés de leurs privilèges d'exactions; nous avons institué près de chaque mandarin important un contrôle fort gênant, c'est là leur seul grief contre nous.

Quant au pauvre peuple, depuis des siècles taillable et corvéable, bétail soumis, aimant la paix comme tous les peuples agriculteurs; (les chansons qu'on vient de lire en font foi), il nous sera soumis si nous savons être pour lui des protecteurs, si nous savons lui assurer le calme auquel il aspire pour travailler en paix; si nous savons respecter ses sanctuaires, sa famille, ses croyances, ses coutumes, ses traditions, quelque bizarre, quelque absurde même que tout cela nous paraisse; en un mot si nous ne remplaçons pas le mandarinat chinois et le mandarinat annamite dont nous avons voulu l'affranchir, par un intolérable mandarinat français.

Ces convictions sont le résultat de quatre années d'administration pédagogique, pendant lesquelles nous avons été constamment en rapports avec la famille annamite, c'est-à-dire avec l'âme même de la nation.

LE
THÉATRE ANNAMITE

COMÉDIENS ANNAMITES

Il n'y a pas, à proprement parler, de théâtre annamite; c'est le théâtre chinois que les Annamites ont pris de toutes pièces, avec sa scène toujours ouverte, ses accessoires, ses costumes et son orchestre; nous ajouterons même que pendant longtemps on n'a joué en Annam que des pièces chinoises, en langue chinoise, et que ce n'est qu'à une époque relativement récente que des auteurs qui, du reste, n'ont pas été pour la plupart imprimés, ont composé des scénarios rappelant certaines phases intéressantes de l'histoire ou de la vie publique annamite. Mais les costumes sont restés chinois, l'orchestre chinois, et si parfois le dialogue est en langue annamite, il est à chaque instant coupé de chants et de poésies qui sont, eux, comme nous l'avons dit dans l'avant-propos de cet ouvrage, en chinois *de style écrit*, c'est-à-dire absolument incompréhensibles à l'audition, inconvénient que ne parvient pas à faire disparaître le soin que prend l'acteur d'exagérer, jusqu'à en perdre la voix, le rythme, le ton, la prosodie spéciale à chacun des caractères écrits qui, étant donné leur agencement synthétique et concret, ne peuvent être compris que par l'œil et non par l'ouïe.

Les Chinois ont cependant un choix extrêmement varié de pièces de théâtre, écrites en *chinois de langue parlée*, que les spectateurs comprennent et qui représentent des scènes de la vie ordinaire; les Annamites ne les ont pas imités en cela, et même, lorsque nos acteurs ont sur la scène quelque chose à dire en annamite, ils n'emploient pas le langage de tous les jours, les locutions familières que tout le monde comprend, mais bien une langue soi-disant élevée dans laquelle les mots chinois, prononcés à l'annamite figurent pour un bon tiers.

Il suffira, pour avoir une idée du théâtre annamite, de lire la traduction d'une seule pièce, le lecteur remarquera que l'introduction de celle que nous donnons ici rappelle le prologue des *mystères*, *farces* et *soties* que l'on jouait jadis à Paris sur le Pont-Neuf.

LE TRIOMPHE DE TRINH

SUR L'USUPATEUR MAC

Pièce héroïque

DISTRIBUTION DES ROLES

Le roi Mac (usurpateur).
Le V. roi Trinh (défenseur de la dynastie Lê),
La fille du roi Lê.
Les généraux Thanh, Tao, Tân, Hoang, serviteurs de Lê.
Mandarins civils et militaires.
Soldats.

SCÈNE D'INTRODUCTION

1ᵉʳ COMÉDIEN, s'avançant sur la scène.

Cette pièce a pour objet, d'abord, d'honorer les esprits et les génies, ensuite de faire plaisir aux notables du village ; nous leur souhaitons une bonne santé et de hautes dignités.

2ᵉ COMÉDIEN (il s'avance en chantant).

Dans une année, il n'y a qu'un seul printemps,
Dans une journée il n'y a qu'une heure Dân ;
C'est pourquoi on n'est pas toujours heureux.

ENSEMBLE (parlé).

Nous souhaitons à tous les peuples de la terre la prospérité, aux pauvres la richesse, à nos supérieurs la paix et la concorde ;

aux inférieurs la tranquillité, et la longévité à tous les mortels.

Puissent les garçons de ce village étudier la littérature, les filles être modestes, distinguées, et cultiver les arts d'agrément.

La pièce que nous allons représenter devant vous se rapporte aux temps héroïques.

Quand le fondateur de la dynastie Mac s'empara du pouvoir, dix-huit provinces se soumirent à lui, et tout le pays, depuis Lang Son jusqu'à Cao Bang, le reconnut pour maître.

Il s'empara de Thao : une fille des rois Lê prit Thao pour mari, elle en eut deux [fils.

(Il chante)

Quand vous allez en palanquin
Suivi d'un serviteur portant le parasol,
Montez au sommet de la montagne ;
Vous y verrez quatre génies jouant aux [échecs.
Ils jouent aux échecs éclairés par la lune,
Et ne craignent ni le vent ni la chaleur.

(Il parle)

Bien que nous ayons revêtu des costumes

de haut fonctionnaires, nous ne sommes que d'obscurs paysans, de vulgaires comédiens sans talent.

La comédie va commencer.

I⁽ᵉʳ⁾ ACTE, SCENE I

Le roi, ses quatre généraux, groupes de mandarins, soldats, serviteurs.

Le roi Mac fait son entrée suivi d'un brillant cortège de généraux.

Pour marquer son rang et son importance le roi a la figure peinte en blanc avec des bigarrures noires; son menton est orné d'une barbe en crins de cheval qui s'accroche derrière les oreilles. Il est vêtu d'une longue robe brodée, toute constellée de petits miroirs, sanglée par une ceinture qui retient, dans le dos, une panoplie de drapeaux.

Il s'avance à pas cadencés et fait deux fois le tour de la scène afin de montrer aux spectateurs son brillant costume sous tous ses aspects; puis, faisant face au public, il passe sa main dans sa barbe, arrondit les bras, gonfle les joues et dit :

Le roi

J'ai réuni aujourd'hui à la porte du Sud les quatre grands généraux du royaume, pour les féliciter de m'avoir aidé à illustrer mon trône.

Chu Kuong autrefois aida la dynastie Han à vaincre les Tan et les troupes de Tao Thao.

Que les mandarins se groupent en ordre et que l'on allume les lampes fleuries.

Chœur.

Les lampes innombrables
Brillent comme les étoiles au ciel ;
Quel spectacle réjouissant !

Le roi.

Que les officiers et fonctionnaires chantent en l'honneur des généraux !

Chœur.

Les généraux ont illustré l'État,
Honneur à leur vaillance.

Un groupe d'enfants fait irruption sur la scène et défile en agitant des drapeaux et en poussant des clameurs.

Les généraux se placent devant le roi; ils saluent profondément et chantent :

Les généraux

Nous rendons grâces au roi !
Sa bonté est infinie.
Il remplit notre cœur d'allégresse !

Le roi Mac (aux généraux).

Buvez quelques tasses de vin de riz.

Les généraux (ensemble).

Nous buvons du vin pour augmenter notre joie (*Ils boivent et se mettent à danser en chantant.*)
Nous buvons du vin et nous dansons
Légers comme des oiseaux.

Défilé des comparses, au milieu desquels les généraux brandissant leurs armes et exécutent une danse guerrière; tout le monde se range au fond du théâtre.

Le roi (avec force gestes emphatiques).

Notre royaume est désormais calme et prospère, tous les dissidents viennent se ranger sous nos lois; pendant le long règne de la dynastie Lê, le pays fut constamment troublé, les rois Lê n'eurent jamais, pour les aider, de braves officiers, de bons serviteurs comme vous.

Je vous demande aujourd'hui un suprême effort, le dernier défenseur du Lê vient de lever l'étendard de la révolte. Allons, mes braves généraux, Thanh, Thao, Tân et Hoàng, il faut de nouveau conduire les troupes à l'ennemi. Thanh et Tân formeront l'aile droite et l'aile gauche, Hoàng ira à l'avant-garde, et Thao à l'arrière-garde.

Le général Thao, s'avançant.

J'obéis au roi et je vais conduire mes troupes contre Trinh le dernier soutien de la dynastie Lê.

Tout le monde sort après avoir défilé plusieurs fois en agitant des drapeaux.

ACTE II

Le décor reste le même, mais la scène représente cette fois le camp du vice-roi Trinh, l'adversaire de Mac.

Mandarins civils et militaires. Soldats.

Le vice-roi est assis sur un trône élevé sur une estrade placée à demeure au fond de la scène.

TRINH.

Je reçois à l'instant avis que l'usurpateur s'avance; il n'a qu'à se présenter, mes officiers répondent de la victoire; bientôt les derniers ennemis de la dynastie Lê connaîtront la puissance de Trinh.

Que l'on serve du vin aux généraux pour marquer ma satisfaction.

Formez le conseil des mandarins civils et militaires.

(Les mandarins civils et militaires entrent en chantant).

Les héros après leur mort,
Ne sont plus honorés;

On se contente de leur vivant,
De leur faire boire du vin.
Le vin est la récompense nationale,
Qui boit du vin est au sommet des honneurs.

(Parlé).

Nous voici devant votre auguste face.

Trinh.

Je vous ai convoqués pour vous demander votre avis avant de reprendre la campagne. Dois-je continuer la guerre ?

Les mandarins militaires.

Nous jurons, au premier engagement, de vous apporter ici le roi Mac, vivant.

Les mandarins civils.

Nous nous prosternons humblement et vous faisons timidement observer que le sage dit autrefois que les neuf royaumes vécurent longtemps dans la paix.

La guerre est la plaie du royaume, la ruine du peuple : si votre Excellence consent à nous envoyer en embassade dans le camp ennemi, nous jurons d'apaiser le roi Mac et de faire pacifiquement cesser les hostilités.

Trinh.

Les anciens philosophes disent, dans leurs écrits immortels, qu'il faut se garder de tuer les hommes inutilement et de faire périr les innocents ; mon intention est de pacifier le pays, puis-je le faire sans effusion de sang ? répondez, mandarins militaires.

Les mandarins militaires.

Les mandarins civils sont officiers de la couronne, mais les mandarins militaires ne leur sont pas inférieurs en dignités et en prérogatives. Les fidèles sujets ne provoquent jamais de désordre, les fauteurs de troubles doivent être sévèrement punis.

Le roi Mac a soulevé toute une partie du royaume contre la dynastie, il marche contre nous à la tête de ses troupes. Votre Excellence croit-elle que les mandarins civils arrêteront l'ennemi en lui récitant des vers ?

TRINH.

Allons, cessez de part et d'autre d'argumenter avec aigreur, je veux à tout prix que le royaume recouvre la paix. Mon adversaire me défie et me crie qu'il est le fils des rois Mac. Je suis, moi, le premier serviteur de la grande dynastie Lê, je ne crains pas la guerre :

Soldats, préparez vos armures, et en avant contre le rebelle Mac !

(*Tout le monde sort*).

SCÈNE II

Le camp de l'usurpateur. Les troupes sont campées.

LE GÉNÉRAL THAO

Mes espions m'annoncent que Trinh s'avance contre moi ; je ne veux pas l'attendre. Soldats, aux armes, en avant contre l'ennemi ! la victoire ne saurait être douteuse.

Le théâtre est envahi par les soldats de Trinh, le vice-roi s'avance en personne.

Le général Thao

Quels sont ces gens? (à Trinh) Et vous, qui êtes-vous?

Trinh

Je suis le fidèle Trinh, serviteur de la dynastie Lê.

Le général Thao

Puissant vice-roi, vous venez de commettre une grave imprudence. Petite barque de rivière, pourquoi vous aventurer sur la vaste mer? Enfant, pourquoi gravir cette échelle périlleuse? Si vous tenez à la vie, retirez-vous sur l'heure, sans quoi je vous exterminerai.

Trinh

Vaillant général, je tiens votre vie entre mes mains, votre tête ne peut échapper au tranchant de mon glaive; défendez-vous. Et vous, mes braves, au combat.

(Mêlée. Thao se bat corps à corps avec Trinh; Thao tombe).

Trinh (riant).

Je viens encore une fois de montrer la force de mon bras, Thao est vaincu.

Un soldat

Général Thao, vous avez jusqu'ici passé pour un vaillant homme de guerre; cette défaite vous couvre à jamais de confusion.

Thao a Trinh

Ne me laissez pas injurier par les vôtres; je suis vaincu et je fais devant vous amende honorable; épargnez-moi la honte de rougir devant les soldats.
(*Une jeune fille apparait*).

La jeune fille

Je suis fille et femme de roi, c'est à moi qu'il appartient de terminer cette affaire.

(*Elle chante*).

Réjouissez-vous tous, la guerre est un fléau,
    La guerre est terminée;

Les fils pourront rentrer auprès de leurs pa-
[rents
Et leur souhaiter de vivre aussi longtemps
    Que le mont Tay So'n.
Réjouissez-vous, la concorde renaît de nou-
[veau,
Les générations futures ne seront plus trou-
[blées.
    Réjouissez-vous avec moi.

CONTES
DEVINETTES ET PASSE-TEMPS

Les Annamites, peu bruyants dans leurs réjouissances de famille, aiment, lorsqu'ils sont réunis, à s'entretenir et à deviser. Les lettrés argumentent sur des sujets littéraires; les gens du peuple racontent des histoires et des légendes, ou se proposent mutuellement des énigmes à deviner. Nous avons retrouvé, parmi les contes populaires, l'allégorie du *renard et du corbeau*, et l'histoire des *trois souhaits ;* nous avons eu beaucoup de peine à traduire cette dernière en un français convenable. Les énigmes rappellent, dans leur naïveté, les devinettes de nos enfants, et leur puérilité n'est souvent rachetée que par la consonnance rythmée de la proposition ; c'est pourquoi nous donnons le texte annamite dans le recueil d'énigmes que l'on trouvera plus loin.

LE PREMIER HOMME

Lorsque la terre sortit du chaos et que les deux éléments *am* et *duong* s'équilibrèrent, les eaux se précipitèrent dans les vallées, et les montagnes se recouvrirent d'arbres admirables.

Un jour, pendant une violente tempête, un arbre fut arraché et projeté sur le sol: cet arbre qui s'appelait *Si* donna dans sa chute, naissance à deux oiseaux, *Ac Cac* et *Ua Que*.

Ces deux oiseaux se réfugièrent dans une caverne où ils firent leur nid, le premier œuf qu'ils produisirent était carré, il donna naissance à un homme. Cet homme, le premier de son espèce sur la terre, s'appelait Lang-Cu'u Câu; il engendra de lui-même un grand nombre de fils et de filles qui s'unirent ensemble, et formèrent le premier peuple.

Plus tard, ce peuple, trop nombreux se divisa en deux groupes dont l'un formé des gens les plus habiles dans les diverses industries descendirent dans les plaines; les autres se retirèrent dans les montagnes.

Ce fut là l'origine des Annamites et des Thos.

LE MIROIR

Dans un village de la montagne vivaient deux époux fort simples. Un jour la femme, revenant du marché, raconta à son mari qu'elle avait vu une jolie personne avec un peigne admirable, et qu'elle désirait en avoir un semblable; mais, ne connaissant pas le mot peigne, elle dit à son mari que c'était un objet brillant de la forme de la lune.

Le mari, voulant plaire à sa femme, se rendit à la ville pour acheter cet objet, mais ne pouvant à son tour s'expliquer, il demanda quelque chose de semblable à la lune et le marchand lui donna un miroir qu'il acheta et rapporta chez lui.

Quand la femme, joyeuse, prit l'objet pour le regarder, elle aperçut à l'intérieur une figure qui lui souriait; ne comprenant pas que c'était sa propre image, elle crut à une mauvaise plaisanterie de son mari et lui dit :

« Qu'aviez-vous besoin d'amener ici cette femme? Voulez-vous donc en faire votre concubine? » Et se mettant à pleurer, elle appela sa mère pour la prendre à témoin de l'indignité de son mari.

La mère accourut et voyant sa figure dans le miroir s'écria. Si encore il avait amené une jeune femme, mais c'est une injure pour nous tous que d'introduire dans la maison cette face ridée de vieille prostituée. Les deux femmes tombèrent sur le mari et le rouèrent de coups. Le pauvre homme parvint à grand'peine à s'échapper et alla se plaindre au mandarin qui fit saisir par ses soldats les deux femmes et le miroir.

Les soldats qui virent dans le miroir d'autres soldats, crurent qu'on voulait les mystifier et conduisirent tout le monde chez le juge.

Celui-ci qui n'était pas plus avancé que ses administrés et n'avait jamais vu de miroir, prit l'objet, sujet du conflit et voyant s'y refléter son image crut que c'était le défenseur, amené par les parties, qui le regardait en face; irrité de cette inconvenance, il brisa le miroir contre le sol, fit donner la bastonnade au mari et mit tout le monde à la porte.

LE RAVIN DE YEN LANG

Près de Yen Lang, entre deux énormes rochers, se trouve un défilé étroit et profond, dont l'entrée est formée par une sorte de porte naturelle figurant un homme debout, les jambes légèrement écartées.

Les pierres de ce ravin ont des formes étranges, ce qui lui a fait donner le nom de *Kem hem da coc*, c'est-à-dire, ravin aux rochers à figure de crapaud.

Il est impossible d'y faire passer deux hommes de front, quand deux individus se rencontrent marchant en sens opposé, ils doivent se serrer l'un contre l'autre pour passer, s'ils sont un peu gros, ils doivent passer l'un par-dessus l'autre.

Quand c'est un garçon qui y rencontre une fille, il doit bon gré mal gré l'embrasser, c'est un endroit fort dangereux.

Il existe un passage semblable à gauche

de Phu'o'ng Mao, à droite du hameau de
Dong Quan, en allant au village de Huông
Càn.

LE TIGRE ET LA TORTUE

Une tortue près du bord de l'eau se chauffait au soleil; un tigre, venu pour boire à la rivière, aperçut cette tête qui sortait de l'eau, la prenant pour un poisson, il avança doucement la patte et la saisit, mais la tortue se retirant brusquement, la patte du tigre se trouva prise et retenue sous la carapace. La tortue plongea, entraînant le tigre qui se débattait et nageait pour ramener son adversaire à la surface. Ils luttèrent ainsi pendant toute une journée puis, un pêcheur survint qui les prit tous les deux.

LE RENARD ET L'OISEAU

Un oiseau passant au-dessus d'une habitation aperçut un gâteau et le déroba; un renard¹ affamé, qui vit le larcin, voulut en avoir sa part et comme l'oiseau venait de se poser sur un arbre, il s'approcha et dit :

« Vous êtes beau comme le dragon, et le
« plus remarquable parmi les oiseaux; vous
« avez de plus l'air très redoutable. Je gage
« que, si vous poussiez un grand cri, non
« seulement les autres oiseaux, mais l'homme
« aussi, seraient saisis d'effroi. »

L'oiseau très flatté ouvrit le bec pour pousser un cri, mais le gâteau tomba à terre et le renard s'en empara.

L'animal se préparait à manger le gâteau en se félicitant de sa ruse, lorsqu'un chasseur, qui le guettait, surgit tout à coup le saisit et le tua.

1. Con cáo.

LE FUMEUR D'OPIUM ET LE TIGRE

Un fumeur d'opium avait l'habitude d'aller chaque jour se livrer à sa passion favorite près d'une rizière écartée, loin du village.

Or, un certain soir, le tigre rôdant par là vint lui demander à fumer. L'homme lui prépara successivement trois pipes d'opium que le tigre fuma.

Trouvant sans doute la drogue à son goût, l'animal revint le lendemain et fuma encore trois pipes.

Le fumeur commençait à trouver son visiteur indiscret; aussi, le jour suivant, il arriva à sa place habituelle avec un fusil qu'il avait bourré de poudre et de balles.

Le tigre ne tarda pas à venir à son tour, il vit le fusil et demanda ce que c'était.

L'homme lui répondit. C'est une nouvelle pipe, bien supérieure à toutes les autres, j'ai voulu vous la faire fumer.

Le tigre se coucha et prit dans sa gueule le canon du fusil, se préparant à respirer la fumée capiteuse, mais lorsque l'homme approcha du fusil la flamme de la lampe, le coup partit et fracassa la tête du tigre.

LA MONTAGNE THAN TINH

Dans le huyên de Bât Bat, se trouve une montagne merveilleuse nommée Thàn Tinh.

Au sommet de cette montagne flottent des vapeurs qui, selon leur forme et leur couleur, sont le présage de grands événements.

Tantôt, elles ressemblent à un large étendard, agité dans les airs, tantôt elles prennent la forme ondulée d'une immense pièce de soie se déroulant jusque dans les gorges de la montagne. Des flammes traversent ces vapeurs, et l'on entend des explosions.

Lorsque ces bruits détonnent comme un coup de canon, cela présage la mort d'un roi; lorsqu'ils ne donnent que l'illusion d'un coup de fusil, c'est le signal de la mort d'un Génie, les détonnations plus faibles annoncent la mort des mandarins.

Cette montagne appartient au territoire du village de Bau, à gauche du fleuve Da (Rivière Noire).

LE POISSON A QUATRE PATTES

A gauche du fleuve Da se trouve une autre montagne que l'on appelle Lu'o'i Hai, le nom chinois est Chuyên Thiêt. Les crêtes de cette montagne ressemblent à des dents de scie.

Sur la plus haute cime, au milieu d'un petit plateau, se trouve un étang dans lequel on peut voir un poisson à quatre pattes, long de sept *thu'o'c*.

Cette montagne aujourd'hui fait partie du village de Cu Thang, huyện de Thanh-So'n.

LES AVEUGLES ET LE GARDIEN DU MARCHÉ

Quatre aveugles un jour se réunirent pour manger à frais communs un ragoût de poissons Chêp, mais n'ayant pas de cuisinier pour le faire cuire et de domestique pour écarter les arêtes, ils étaient fort embarrassés et ne savaient comment faire lorsque le gardien du marché, homme très malicieux, qui les écoutait, s'approcha et leur dit. Ne vous désolez pas, mes bons amis, je serai très heureux de vous rendre service; si vous voulez me donner l'argent nécessaire, j'achèterai les poissons avec tout ce qu'il faut pour faire la sauce, je les ferai cuire et vous les ferai manger.

Les aveugles, joyeux, vidèrent leur escarcelle et remirent au gardien environ quatre ligatures de sapèques.

Quand le mets fut préparé, le malicieux

gardien fit ranger les aveugles autour de lui et leur dit : « Attention ! Je vais vous donner à chacun et à tour de rôle une bouchée de ragoût. » Tous baillèrent à la fois, mais le rusé compère, pour une bouchée qu'il donnait en prenait quatre pour lui. Quand ce fut fini, le gardien sortit et les aveugles restés seuls s'entretinrent de la saveur du poisson, de l'excellence de la sauce, chacun regrettant de n'avoir pu en manger suffisamment et accusant son voisin d'avoir eu la plus grosse part.

L'un d'entre eux, plus avisé leur dit : « J'ai entendu les bâtonnets battre quarante fois l'écuelle et je n'ai mangé que quatre bouchées de poisson. » Moi, dit le second « je n'en ai eu que trois. » Le quatrième, questionné, déclara avoir reçu cinq bouchées et le cinquième aussi.

Les aveugles, découvrant alors la supercherie résolurent de se venger du gardien et imaginèrent, à cet effet, le stratagème suivant.

Ils le firent demander et le prièrent de leur acheter quatre solides bambous pour remplacer leurs bâtons usés.

Quand le gardien apporta les bâtons et

les leur remit, le premier aveugle le saisit par le bras et voulut le frapper, mais le gardien se dégageant prestement poussa l'aveugle vers un de ses collègues qui reçut le coup de bâton; celui-ci riposta et, croyant aussi taper sur le gardien, asséna de vigoureux coups de bâton sur la tête de ses camarades qui se défendirent et la bataille devint générale. Pendant ce temps le gardien courait tout à l'entour en criant « grâce grâce, pardonnez-moi mes bons amis, je ne le ferai plus. » Il finit par les abandonner et tous les aveugles demeurèrent roués de coups et meurtris.

LE RAT ET LA TORTUE

Une tortue, qui vivait dans un marécage, invita un jour son voisin le rat à un festin composé de poissons et de crevettes.

Le rat trouva le mets fort à son goût, se régala et ne voulant pas demeurer en reste avec la tortue, il l'invita à son tour à venir dîner chez lui.

La tortue accepta, sortit du marécage et, suivant son compère, arriva dans un jardin au pied d'un aréquier; le rat soudain, se mit à grimper à l'arbre.

« Ou donc allez-vous, » dit la tortue?

« Chez moi, dit le rat, je demeure à la cime de l'aréquier. »

« Mais il m'est impossible de vous suivre? »

« Serrez ma queue entre vos dents, et je vous remorquerai sans peine. »

La tortue suivit ce conseil et le rat parvint au sommet de l'arbre, trainant son amie derrière lui.

Arrivés à la demeure du rat, la femelle de celui-ci qui l'attendait avança la tête et voyant la tortue lui dit : « Vous me faites bien plaisir, ma voisine, de venir me voir ».

La tortue voulant répondre quelque chose d'aimable ouvrit la gueule, lâcha la queue du rat et tomba au bas de l'arbre.

Le rat descendit précipitamment et s'efforça de calmer la tortue qui avait failli se briser dans sa chute; il finit par la convaincre de recommencer le trajet de la même manière; « seulement, ajouta-t-il, ayez soin de ne rien répondre à ma femme si elle vous adresse la parole. »

La tortue promit et ils recommencèrent l'ascension. La femelle du rat les accueillit de la même façon et ajouta, « j'espère que vous n'êtes pas trop meurtrie de votre chute. »

La tortue sans réfléchir repondit avec aigreur : « Ce n'est pas votre faute si je ne suis pas tuée. »

Elle tomba de nouveau et, cette fois, s'en retourna chez elle. Le lendemain, le rat vint pour s'excuser ; comme il se tenait sur le bord du ruisseau profond appelant la tortue, celle-ci apparut et lui dit : «Je ne vous garde pas rancune, venez jusque chez moi, j'ai de bons poissons en réserve, vous en mangerez votre part. »

« Comment ferai-je, dit le rat, pour traverser ce ruisseau profond ? »

« Montez sur mon dos, dit la tortue, et je vous porterai à la nage. »

Le rat s'accrocha à la carapace de la tortue ; mais lorsqu'ils furent arrivés au milieu du ruisseau, la tortue plongea et le rat fut noyé.

LES TROIS MERS DE LA PROVINCE DE THAY NGUYEN

Légende des lacs Ba Bé.

Il y a bien longtemps de cela, au village de Nam Mau, on avait coutume de faire chaque année de grandes cérémonies religieuses dites de Vô Gia. L'affluence d'étrangers y était très considérable et de tous côtés, par les chemins, on voyait la foule descendre des montagnes comme des torrents gonflés par la pluie.

Un jour, les habitants de Nam Mau virent arriver à leur fête une vieille mendiante, aux vêtements sordides et déchirés; elle répandait une odeur infecte, tout le monde s'éloignait d'elle et chaque fois qu'elle se présentait au seuil d'une maison pour demander l'aumône, elle était injuriée et chassée.

Une pauvre veuve et son fils, voyant cette

malheureuse, eurent cependant pitié d'elle et, surmontant le dégoût qu'elle leur inspirait, la firent entrer dans leur chaumière où ils lui donnèrent des aliments. Lorsqu'elle fut rassasiée, la pauvresse demanda qu'on la laissât coucher dans un coin du grenier, ce qui lui fut également accordé.

Vers minuit, la veuve et son fils furent tout à coup réveillés par un grondement qui paraissait sortir du grenier; ayant allumé la lampe, ils sortirent pour voir ce que c'était, et ayant entrouvert la porte du grenier où s'était retirée la vieille mendiante, ils ne l'y aperçurent point, mais ils virent à sa place un énorme serpent qui déroulait ses anneaux avec un bruit de tonnerre.

Remplis d'épouvante, ils regagnèrent leurs lits où ils se tinrent coi jusqu'au lendemain matin.

Quand le jour parut, ils n'avaient pu en-encore fermer l'œil; ils virent entrer la vieille mendiante qui leur dit :

« Je ne suis pas ce que je parais être, voulant connaître le cœur des dévots qui se rendent à Nam Mau pour les fêtes religieuses, je me suis mêlée à la foule sous la figure d'une mendiante; tous m'ont repoussée, vous seule et votre fils avez eu pitié de moi, au milieu de cette multitude de pèlerins. — Tous ceux dont la bouche récite des prières ont un cœur de serpent. Pour vous récompenser d'avoir manifesté à mon égard des sentiments d'humanité, je veux vous sauver du cataclysme que je prépare pour châtier les hypocrites. Quand vous verrez des phénomènes se manifester dans la vallée, hâtez-vous de fuir avec votre fils et de vous réfugier sur le sommet de la montagne. »

Ayant dit cela elle disparut. Dès le lendemain, alors que la foule accourue aux fêtes se pressait plus compacte dans le village, on vit soudain surgir de tous côtés des colonnes d'eau qui inondèrent la vallée, la foule ne sachant d'où cela venait se réfugiait sur les maisons et dans les arbres, mais l'eau montait toujours; elle finit par submerger les plus hautes maisons et atteignit la cime des arbres les plus élevés. Tout le monde périt, à l'exception de la veuve et son fils qui, à la première alerte s'étaient empressés de gagner les hauteurs.

Ils bâtirent une maison, qui, plus tard devint le centre d'un village important; on appelle encore cet endroit le territoire de

Nam Mau, du nom du village submergé.

La vallée aujourd'hui est remplie d'eau et forme trois mers qui font partie du Châu de Bach Thong près du Tuyen Quang. Ces mers communiquent entre elles; la plus grande a environ 3 *rầm*[1] d'étendue; les jonques ne peuvent cependant aller de l'une dans l'autre à cause d'un barrage de roches du haut duquel l'eau se précipite avec fracas.

Le site est admirable, de tous côtés on voit des rochers, des montagnes et des forêts, et quand le temps le permet, d'innombrables barques de pêche sillonnent en tous sens la surface des trois mers.

---

1. Le *rầm* est la distance approximative à laquelle un buffle ne paraît plus avoir que la taille d'une chèvre.

LE ROCHER DE VONG PHU

Autrefois, près de Lang Son vivait une jeune fille, nommée Tô-Thi qui, sans cesse et sans motifs, était en butte aux brutalités de ses parents. Un jour qu'elle avait mécontenté son frère, celui-ci s'empara d'un maillet et lui en asséna un coup terrible sur la tête. La pauvre fille, à demi assommée, alla se plaindre à son père et à sa mère qui, loin de lui rendre justice et de la consoler commandèrent au frère de la tuer.

Epouvantée, la pauvre Tô-Thi s'enfuit dans la montagne et ne revint plus.

Dix ans plus tard, la maison de ces parents dénaturés, située dans la vallée, fut emportée par une inondation, les buffles et les gens furent noyés; seul, le fils accroché à une épave, entraîné au loin, fut rejeté sain et sauf au pied d'une montagne qu'il gravit; ne connaissant pas cette contrée il chercha un abri et trouva la grotte de Tam Thanh. Il se disposait à y pénétrer pour se reposer des terribles émotions qu'il venait de subir quand il entendit du bruit et vit sortir de la grotte une jeune fille, adorablement belle, qui se dirigea vers la forêt pour couper du bois.

Étonné de rencontrer un être humain dans cette solitude il la suivit et lui adressa la parole.

« Comment, lui dit-il, vous trouvez-vous ainsi sur cette montagne lointaine, dans ces forêts profondes? »

La jeune fille, surprise d'entendre une voix se retourna et sa figure trahit une tristesse extrême, elle ne répondit pas, il poursuivit :

« Vous êtes seule et malheureuse, je suis hélas, seul et malheureux, ne croyez-vous pas que le Ciel nous a dirigés l'un vers l'autre pour que nous nous entr'aidions et nous consolions mutuellement dans ce désert? »

La jeune fille fondit en larmes.

« Vous dites vrai, je suis seule ici abandonnée sous le ciel, exposée au soleil et à la pluie, notre rencontre est miraculeuse, à deux nous supporterons mieux notre misérable condition, qu'il en soit comme vous le désirez.

Ils s'unirent et vécurent ensemble dans la grotte, lui, prenant du gibier et du poisson, elle, cherchant dans la forêt des fruits et des herbes comestibles et s'occupant des choses de l'intérieur. Vainement, quand le soir ils reposaient côte à côte, il la pressait de lui raconter son histoire, elle se renfermait dans un silence obstiné et ne voulait lui dire ni le nom de son pays ni celui de ses parents.

Un jour que le mari peignait les cheveux de sa femme, il aperçut une longue cicatrice ; surpris, il la questionna sur l'origine de cette blessure. Elle lui répondit en pleurant : « Il y a dix ans, mon frère me frappa à la tête d'un coup de maillet et je dus m'enfuir de la maison paternelle ; je vous ai toujours caché mon nom de famille, je vais vous le dire aujourd'hui, mon père s'appelait Tô. »

Le mari, entendant cela, recula avec épouvante : il venait de reconnaître sa propre sœur. Plein d'horreur pour lui-même et honteux de l'inceste qu'il avait commis, il voulut cependant n'en rien dire à la pauvre femme, mais le lendemain il résolut tout à coup d'entreprendre un voyage sous un prétexte quelconque, en recommandant à sa femme de l'attendre pendant six mois et il partit.

Tô-Thi attendit patiemment et au bout de six mois monta sur la montagne pour voir du côté du Nord si son mari n'allait pas revenir, elle ne l'aperçut pas; le lendemain elle y retourna, et ainsi de suite chaque jour pendant six autres mois. Hélas il ne revint jamais, et la pauvre Tô-Thi, les yeux desséchés à force d'avoir pleuré, finit par mourir de chagrin. Son corps fut changé en pierre : c'est la pierre de Vong Phu, qui se dresse debout, au sommet de la montagne.

LES TROIS SOUHAITS

Autrefois vivait dans le pays des *Châu* un homme fort riche, mais excessivement enclin au plaisir des sens.

Ayant appris qu'il y avait non loin de chez lui un génie très puissant, il vendit tout son bien pour la somme de dix mille ligatures et porta le tout à la pagode de ce génie, en le priant de lui accorder en échange la réalisation de trois souhaits à son choix.

Le génie y consentit, lui remit trois baguettes d'encens et lui recommanda d'en brûler une chaque fois qu'il formulerait un souhait.

Il s'en retournait plein de joie du succès de sa démarche et songeait à ce qu'il pourrait bien demander d'extraordinaire pour assouvir la soif de libertinage, lorsque tout à coup il aperçut un cortège venant de son côté, c'était un mariage.

L'épousée était entourée d'un groupe de jeunes filles si jolies, si fraîches, que notre homme sentit s'éveiller en lui un monde de désir : il voulut en choisir une, mais, en les examinant, il découvrit dans chacune d'elles des perfections telles, qu'il se prit à les désirer toutes également et ne put se résoudre à faire un choix.

Comme il ne pouvait les posséder toutes à la fois sa passion s'exaspérait et il était fort malheureux, quand il se souvint des des baguettes d'encens; il en saisit une, la fit brûler et souhaita de pouvoir posséder toutes ces filles à la fois.

Son souhait ne tarda pas à se réaliser, il ressentit sur tout son corps une impression étrange, et s'aperçut avec épouvante que les attributs du sexe masculin s'étaient multipliés sur sa personne et avaient même envahi sa figure.

Objet d'horreur pour lui-même, il s'empressa de brûler une autre baguette en s'écriant : « Que tous ces organes disparaissent! » Ils disparurent *tous*, en effet, et il resta eunuque.

Il en fut d'abord enchanté, tant avait été grand son désespoir, mais réfléchissant que, malgré la santé, malgré la richesse, l'homme dans cet état n'est qu'un être misérable et incomplet, il brûla la dernière baguette pour reconquérir ce qu'il avait si sottement perdu.

LE DRAGON
DE DINH THIÊN HOANG

Un chinois géomancien, venu en Annam pour exercer son art, découvrit, dans un lac profond, un dragon d'or qu'à de certains indices il reconnut pour être doué d'une puissance supérieure à celle de tous les autres dragons.

On sait que les dragons sont les dispensateurs de la puissance et du bonheur en ce monde. Quand un homme parvient à placer les ossements de son père dans la gueule d'un pareil dragon, il est sûr de devenir roi. Notre chinois ne l'ignorait pas, mais comme il ne savait pas nager, il fit un paquet des os de son père et chercha dans la contrée un habile plongeur qui consentit à descendre au fond du lac et à placer ce paquet dans la gueule du dragon; il promettait un lingot d'argent en cas de réussite.

Le lac était profond, personne n'osait tenter l'aventure et le Chinois désespérait de l'entreprise lorsqu'un jeune homme, un jour, se présenta pour descendre au fond du lac; le Chinois accepta avec enthousiasme et offrit spontanément de doubler la somme promise : ils prirent rendez-vous pour le lendemain au bord du lac et le jeune homme retourna chez lui.

Ce plongeur était d'une habileté sans égale; fils d'une femme et d'une loutre, il participait des qualités amphibies de son père et pouvait impunément séjourner sous les eaux. Sa mère seule vivait encore et l'on conservait les ossements du père suspendus dans un coin de la case. Il prit ces ossements, les réduisit en poudre, les mélangea à du riz, en fit un gâteau et le lendemain, porteur de ce gâteau, il se présenta au Chinois en lui disant : « Peut-être l'expédition sera-t-elle longue et difficile, permettez-moi d'emporter des provisions.

Le Chinois, sans défiance, se prit à rire de cette précaution et remit au jeune homme le paquet qu'il avait préparé. Le jeune homme s'en saisit et plongea.

Quand il fut descendu au fond du lac, il

se trouva en face du dragon d'or; celui-ci ouvrait une gueule formidable. Le jeune homme prit son temps et, regardant autour de lui, aperçut une pierre qu'il souleva et sous laquelle il mit le paquet du Chinois; puis, saisissant le gâteau dans lequel il avait introduit les os de son père, il le précipita dans la gueule du dragon qui se referma immédiatement.

Lorque le Chinois vit revenir le plongeur, il se réjouit et lui remit la somme convenue, puis, il rentra dans son pays, attendant les événements qui devaient le placer sur le trône. Il les attendrait encore s'il n'était pas mort depuis près de trois mille ans; ce fut le jeune homme qui devint roi, il régna sous le nom de *Dinh Thiên Hoang*. (Environ mille ans avant l'ère chrétienne.)

LE DRAGON DU FLEUVE ROUGE

Au fond du fleuve Rouge se trouve un dragon immense et étincelant dont la gueule est toujours béante, le trône est réservé à celui qui arrivera à mettre les ossement de son père dans la gueule de ce dragon; mais la chose n'est pas facile car quiconque ose regarder ce dragon face à face devient aveugle.

Un homme, très avisé fit un jour cette réflexion : « Si je ne risque qu'un œil, je le perdrai sans doute, mais il m'en restera un et je pourrai régner. »

Il se couvrit la moitié de la figure avec la main, plongea et parvint à mettre les os de son père dans la gueule du dragon.

Il resta borgne, mais devint roi, ce fut le fondateur de la dynastie des Hung.

Lorsque le général Chinois Cao Bien qui était magicien, s'empara de l'Annam, il eut à traverser le grand fleuve, à cet endroit encombré de rochers; voulant ouvrir un passage aux jonques de ses soldats, il employa la foudre pour briser les rochers.

Cette action violente rompit les veines du dragon et le fleuve depuis ce temps roule des eaux ensanglantées. C'est pourquoi on l'appelle le fleuve *Rouge*.

DEVINETTES

ET PASSE-TEMPS ANNAMITES.

Da cóc mà boc trú'ng gà
Mo· ra tho·m ngát ća nhà muờn an.

> Une peau de crapaud enveloppe un œuf de poule.
> On l'ouvre, il embaume, toute la famille en veut manger?
> *C'est le fruit du jacquier, dont l'écorce est rugueuse et comme couverte de verrues. Il répand une très forte odeur et les Annamites en sont très friands.*

Chân chảng đén dât
Cát chảng đén trò'i
Lo' l'ủng giũ'a trò'i mang môt bi mu.

> Son pied ne touche pas la terre,
> Son dos ne touche pas le Ciel;

Il est suspendu dans l'espace et porte un
sac de pus?

C'est le fruit thi [1], *dont la chair a l'apparence épaisse et blanchâtre.*

✤

Chân chăng dến dất, cât chăng dến trò'i
Lo' lu'ng giu'u trò'i mang môt bi dá.

Ses pieds ne touchent pas la terre,
Son dos ne touche pas le ciel,

1. Thi. Diospyros ebenaster, diospyros decandra (d'après Taberd). C'est un fruit jaune, d'une odeur pénétrante, qui a de l'analogie avec celle du coing. On en voit sur les marchés deux et même trois variétés; deux d'entre elles, qui ont la forme aplatie de la pomme et ne diffèrent que par leur grandeur, n'ont pas de pépins; la chair est compacte. L'autre variété plus grosse, globuleuse, a une espèce de pulpe au milieu de laquelle se trouvent de gros noyaux dont la chair blanche et nacrée est très dure. Le germe apparaît à l'une des extrémités de la graine. Quand on l'en a dégagé avec soin, il ressemble, disent les Annamites, à une silhouette de femme. On pourrait mieux le comparer à un insecte (une cicindèle, par exemple, moins les antennes), vu de dos. Lorsque les enfants passent sous un thi, ils tendent un pan de leur robe, sifflent pour appeler le vent et crient : « Trái thi rô't bi bà giá »!
Thi tombe dans la besace de la vieille.
(Landes, *Contes populaires*, notes).

Il est suspendu dans l'espace et porte un
 sac de pierres?
 C'est la grenade.

Bôn bè có moc sao sao.
Qùi gôi dăm vâo kàn, o'i mè o'i!

De quatre côtés l'herbe pousse drue,
 Il est à genoux, donne un coup de poing
 et s'écrie : Oh! ma mère!
 *C'est le pécheur de crabes, accroupi dans
la rizière et qui se laisse pincer par un crabe.*

Sông tron vanh vanh,
Nu'ó'c duc lo' lo',
Có moc trên bo',
Thàng bé dú'ng cho'i,

 Le fleuve est circulaire,
 L'eau est trouble,
 L'herbe pousse sur les bords,
 Au milieu un enfant joue?

C'est l'œil.

Có cây mà không có cành,
Có hai thằng bé dầu dênh trên cây.

C'est un arbre sans branches,
Sur lequel deux enfants se balancent ?
C'est une tige de maïs à deux épis.

Băng hai cái lá tre,
Sung xoe dánh vât.

Deux feuilles de bambous
Qui se battent ensemble ?

Une paire de ciseaux.

Chân trắng, mình đen,
Đội mũ hoa sen,
Châu vua Thu'o'ng Dế.

Les pieds blancs et le corps noir,
Portant un bonnet de fleurs de lotus,
Il assiste l'Empereur ?

*La baguette d'encens.
Quand on l'allume, la fumée blanche res-*

semble à une fleur de lotus, et on la place toujours devant les génies ou les tablettes impériales.

✥

Hình dung nó như' con châu chàng,
Hai tay quảng cô bà, hai chân quàng,
Xuông lư'ng.

Il ressemble à la grenouille,
   De ses deux bras il entoure le cou des femmes.
De ses deux jambes il entoure la ceinture?
   Le couvre sein.
Pourvu de quatre cordons, les deux cordons supérieurs se nouent autour du cou, les deux autres autour des reins.

✥

Môt mè bang dem dê mây trăm con,
Dang mai chêt hêt chăng con du'o'c ai.
Thi xuât môt ông lão thai-lai
Mắt như' mắt qui
Chẳng oi giám nhìn.

Une mère pendant la nuit enfante des
 centaines de fils
Au lever du jour, ils sont tous morts, et
 elle n'en produit plus.
Alors surgit un vieillard immortel
Dont le visage ressemble au diable et que
 personne n'ose regarder?

La lune, 'e soleil et les étoiles.
La lune est la mère, pendant la nuit elle
enfante d'innombrables étoiles qui toutes
disparaissent au lever du jour. Alors appa-
raît le soleil dont le visage de feu flamboie
comme celui du diable, et dont personne ne
peut soutenir la vue.

✣

Mình rông, duôi phu'o'ng
Lê thê muà dông âp tru'ng
Muă hà nuôi con.

Le corps du dragon, la queue du phénix,
L'hiver il couve ses œufs, l'été il nourrit
 ses enfants?

L'Aréquier.
Sa tige élancée et légèrement noueuse

comme le corps du dragon, ses feuilles en panache comme la queue du phénix. Ses fruits se forment l'hiver au sein d'une enveloppe, et le régime fructifie pendant l'été.

Ngoai thì che tàu chuối khô
Trông thì hai cái hồ nu'ó'c cháy vân vân
Tứ' quan cho đến dân ai cũng phai uông.

Recouvertes au dehors par deux feuilles
    sèches de bananiers de Chine,
Deux sources coulant goutte à goutte,
Où les grands comme les humbles doivent
    également s'abreuver?

Les mamelles de la nourrice.

Nhà vàng dóng dó vàng
Khách di qua dàng không giám vào cho'i

La maison est jaune, à l'extérieur comme à l'intérieur, l'étranger n'ose pas y entrer?

Une ruche d'abeilles.

Cây bên ta
Lá bên ngô
Ngọn tây bô
Gôc tây tăm.

Un arbre de notre pays
La feuille est en Chine,
La cime est un panier
La racine est comme un cure dent?

Le cerf volant.

Cả môt nhà,
Có môt bà
Hãy la liêm.

Dans la maison
Est une vieille
Qui aime à lécher partout?

Le balai.

Ong đứng bên tây,
Bà đứng bên dông

Duôi nhau vọng vong
Chẳng bắt du'ọ'c nhau

Monsieur se tiént à l'Ouest,
Madame se tient à l'Ést,
Ils se poursuivent en tournant
Sans jamais s'atteindre?

Les deux manivelles d'un moulin à riz (cai côi xay gao).

Băng hai cái lá da
Di xa về gân.

Comme deux feuilles de figuier qui s'éloignent et se rapprochent.

Les deux mains.

Xin lu'a ông Taó
Dôt dân ông Tu
Sâm dông ù ù
Rông bay phâp pho'i

Je demande du feu au génie de la cuisine,
J'allume une tête de bonze,
Le tonnerre gronde sourdement,
Et le dragon s'élève dans les airs?

Fumer une pipe de tabac.

La pipe, boule de porcelaine plus grosse que le poing, est ici comparée à la tête rasée d'un bonze; le glouglou produit par la fumée qui passe au travers du récipient d'eau est le tonnerre, et le panache de fumée qui s'élève en se déroulant dans l'air est le dragon.

✣

Mình tròn trúng trục
Da trăng phau phau
An nó tàm mát
Bảo nhau đi năm.

Le corps très rond,
La peau très blanche,
Après le repas on leur lave la figure?
Et ils vont se coucher tous enssmble.

Les bols à riz.

Que l'on range dans le meuble après le repas.

✣

Cả một nhà
Có' một bà
Hãy gật gù.

Dans la maison, est une vieille,
Qui ne fait que se lever et se baisser?

Le pilon à paddy (cái cối dâm gạo).

✤

Nam thằng cầm hai con sao duối
Dâu co trắng
Chạy vào trong hang.

Cinq individus tenant deux bâtons, font entrer des aigrettes blanches dans la caverne?

Manger du riz.
(Les cinq doigts tenant les baguettes).

✤

Nam thằng đôi nam cái mũ sừng.
Trèo lên rừng bắt con ti tí.

Cinq individus portant cinq bonnets de corne,
Montent dans la forêt pour attraper des insectes?

La main qui cherche les poux.

Không gõ mà keu
Qui résonne sans battant? } le tonnerre

Không bao mà cho'n
Non raboté mais glissant? } chemin mouillé

Không so'n mà dỏ,
Non laqué mais rouge? } le soleil

Vu'à tây con bò năm co giữ'a ruông,
   Qui est couché comme un bœuf au milieu de la rizière?
Une tombe.

Vu'à tây ngón tay thay lay nhû'ng
Thit thin lit nhû'ng lòng do'i cha do'i

Ong không ai mó dên.

Un morceau de chair, de la forme d'un doigt, et couvert de poils. Au temps de mon père, au temps de mon grand père, personne n'a jamais osé le toucher?

La chenille.

Chân den mình trăng
Dú'ng năng giū'a dông.

Les pieds noirs, le corps blanc,
Qui se sèche au milieu du champ?

L'aigrette.

Vua tây cái vung vủng xuông
Ao dào chăng thây lây chăng du'o'c.

Comme un disque au milieu de l'étang, personne ne peut le saisir?

L'image de la lune.

Chân chăng đến đất
Cât chăng đến trời
Không ăn uông gì mà đẻ.

Ses pieds ne touchent pas le sol,
Son dos ne touche pas le ciel,
Elle ne mange ni ne boit, et cependant,
Elle se reproduit?

La lentille de marais.

TABLE DES MATIÈRES

Préface	V
Avant-propos	VII
Les Chants populaires des Annamites	XXIX
La joute fleurie	1
La ballade des repiqueuses de riz	15
La nuit d'amour	22
La fleur de Gao	23
L'aveugle	25
Duo d'amour	27
Amertume	30
Chansons pour endormir les enfants	31
La fille de Kê-Mo	34
Thuy Kiêu	35
Rondes enfantines	36
Vive le Roi	38
Couplets héroïques	40
La ronde des bateliers	43
Le contrebandier	46
Chants pour exciter les bateliers	47
Stances pour les cérémonies sacrificatoires aux génies	48
La chanson du printemps	50
La jolie fille de la rivière Claire	52
La montagne Nam Sön	54
Les héros des Trois Royaumes	56
Gloire aux guerriers	57

Stances aux épouses fidèles...............	61
La fiancée de l'étudiant..................	64
Chanson d'amour........................	66
Couplets satiriques sur les fonctionnaires annamites.............................	68
La vie joyeuse...........................	69
L'attente................................	74
Plainte amoureuse.......................	77
Même argument.........................	79
Les poètes Lu'u Than et Nguyen Chiêu...	81
Le chant de Ma-Hué.....................	87
Ba Di et Thuc-Tê........................	89
Nocturne...............................	90
Plaintes d'une jeune fille.................	93
L'abandonnée...........................	94
Le jardin des bambous...................	96
Les trente-six rues de Hanoï..............	101
Couplets populaires......................	107
Couplets satiriques contre les bonzes......	111
Le jeune bonze..........................	113
CHANTS CONTRE LES FRANÇAIS..............	115
La mort héroïque de Hoang Ru'o'u.......	120
Les lamentations des femmes..............	126
L'année Qui Rau........................	131
Les Français............................	134
LE THÉATRE ANNAMITE....................	139
Le Triomphe de Trinh sur l'usurpateur Mac..................................	145
CONTES, DEVINETTES ET PASSE-TEMPS.......	161
Le premier homme......................	164
Le miroir...............................	166
Le ravin de Yen Lang....................	168
Le tigre et la tortue......................	170
Le renard et l'oiseau.....................	171
Le fumeur d'opium et le tigre............	172
La montagne Thân Tinh..................	174
Le poisson à quatre pattes................	175
Les aveugles et le gardien du marché......	176
Le rat et la tortue.......................	179
Les trois mers de la province de Thay Nguyen, (légende des lacs Ba-Bé......	182
Le rocher de Vong Phu...................	186

TABLE DES MATIÈRES 215

Les trois souhaits.................. 190
Le dragon de Dinh-Thiên Hoang........ 193
Le Dragon du fleuve Rouge............ 196
Devinettes et passe-temps............ 198

LE PUY. — IMP. MARCHESSOU FILS

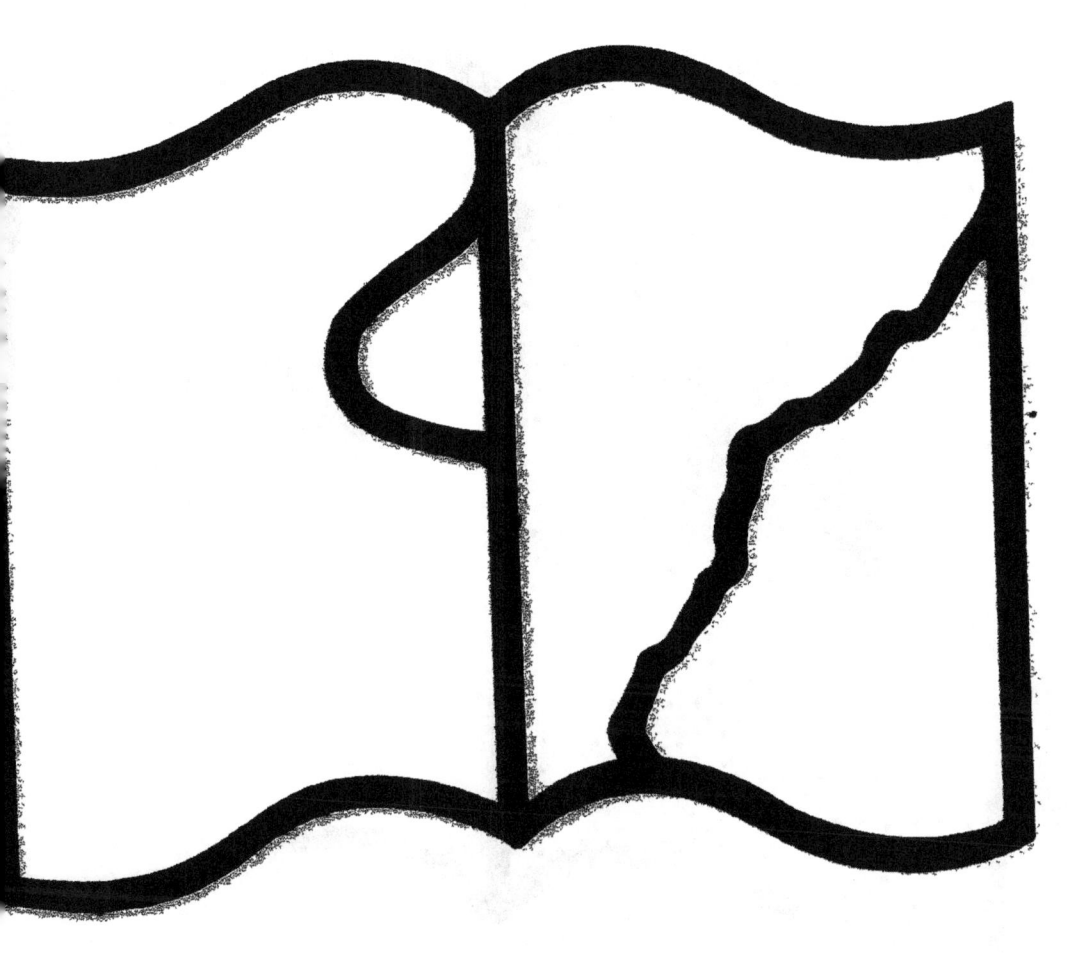

Texte détérioré — reliure défectueuse

NF Z 43-120-11

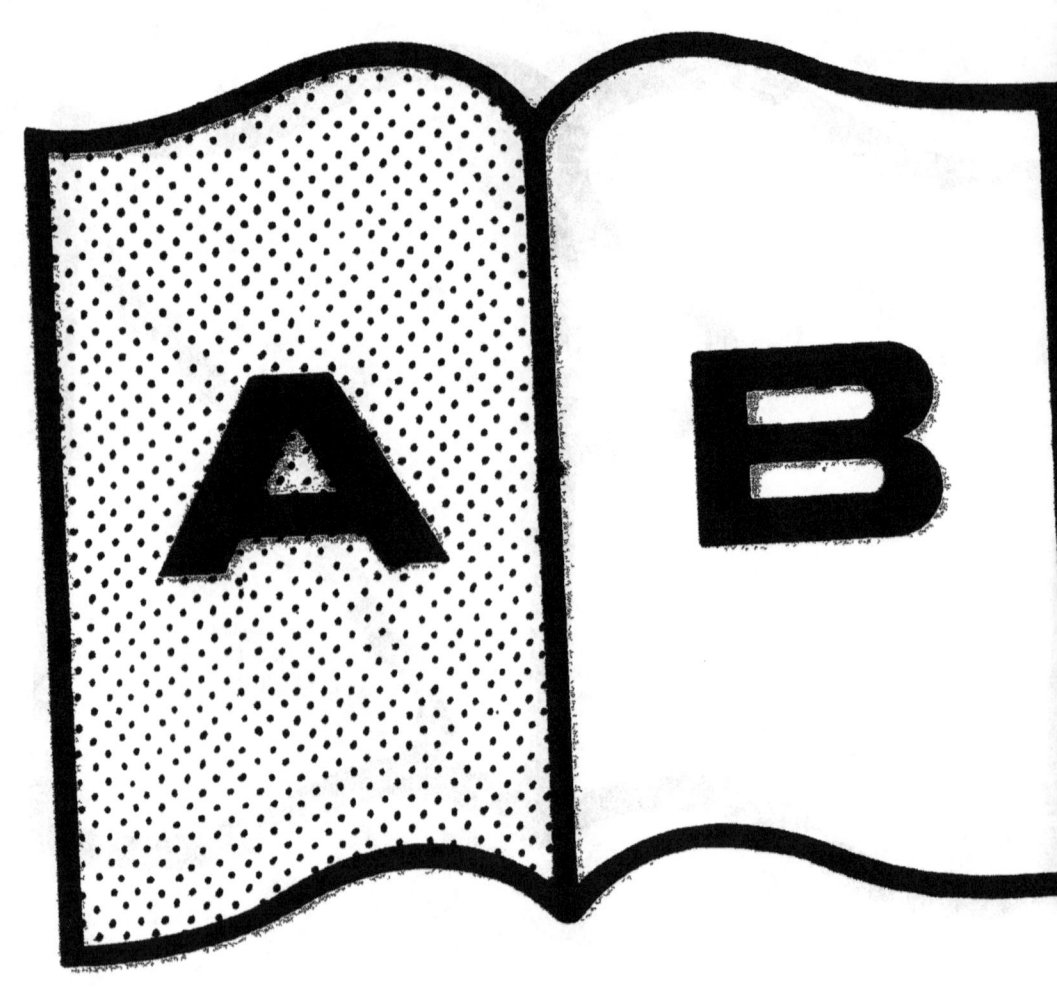

Contraste insuffisant
NF Z 43-120-14

www.ingramcontent.com/pod-product-compliance
Lightning Source LLC
Chambersburg PA
CBHW070635170426
43200CB00010B/2029